어린이를 위한
바보처럼 공부하고 천재처럼 꿈꿔라

어린이를 위한
바보처럼 공부하고 천재처럼 꿈꿔라

신웅진 원작 | **정란희 글** | **변기현 그림**
처음 펴낸날 | 2012년 10월 5일
9쇄 찍은날 | 2015년 9월 10일
9쇄 펴낸날 | 2015년 9월 17일
펴낸이 | 정세민
펴낸곳 | (주)크레용하우스
출판등록 | 제5-80호
주소 | 서울 광진구 천호대로 709-9
전화 | (02)3436-1711
팩스 | (02)3436-1410
홈페이지 | www.crayonhouse.co.kr
이메일 | crayon@crayonhouse.co.kr

글 ⓒ 신웅진, 정란희
이 책에 실린 글은 무단 전재 및 무단 복제할 수 없습니다.

ISBN 978-89-5547-292-9 73810

어린이를 위한

바보처럼 공부하고
천재처럼 꿈꿔라

신웅진 원작 | **정란희** 글 | **변기현** 그림

크레용하우스

★ 작가의 말 ★

자신감이라는 작은 씨앗을 크게 키워라!

"자신감을 가지세요!"

반기문 유엔 사무총장의 말 중에 가장 기억에 남는 말입니다.

유엔 192개국 대표이자 세계 70억 인구의 리더인 반기문 유엔 사무총장은 우리 어린이들에게 자신감이란 작은 씨앗을 크게 키우라고 말합니다.

충북 음성의 작은 마을에서 태어난 그가 세계의 대통령이 된 데에는 이 꿈의 씨앗을 크게 키운 자신만의 힘이 있었기 때문일 것입니다. 스스로 자신을 존중하고 믿는 마음은 곧 반기문의 경험에서 우러나온 마음이기도 합니다. 이는 국경을 벗어난 한국인으로서 갖춰야 할 자세이기도 하지요.

나는 반기문 총장님에 대한 글을 쓰다가 반기문 유엔 사무총장의 삶에는 세 가지가 있다는 걸 알게 되었습니다.

첫째, 그의 삶에는 꿈이 있습니다. 시골 마을, 많은 것이 부족한 환경에서 태어났지만 나라를 위해 일하겠다는 꿈을 가지고 성실하게 공부해 외교관의 꿈, 나라를 위해 일하겠다는 꿈을 이루었습니다.

둘째, 프로 정신이 있습니다. 대한민국을 대표하는 외교관으로서 자신이 맡은 일에 최선을 다했습니다. 일분일초를 허투루 쓰지 않는 그의 철저한 시간 관리와 원칙에 충실한 자기 관리가 많은 국익을 가져다주었습니다. 우리 어린이·청소년들이 꼽는 최고의 멘토가 된 이유이기도 합니다.

셋째, 사랑이 있습니다. 부모님께 효도하고 형제와 가족들에게 다정했습니다. 윗어른, 아랫사람 할 것 없이 모두에게 친절했으며 자신에게 쏟아지는 찬사를 이웃과 사회와 국가의 덕으로 돌렸습니다.

이런 반기문의 마음은 세계로 자꾸 번져가 지금은 전쟁과 기아로 힘들어하는 아프리카 어린이의 마음을 어루만지고, 기후 변화, 식량 위기, 에너지 위기 등의 수많은 위기에 맞닥뜨린 세계인들에게 힘이 되고 있습니다. 2011년에 회원들의 전폭적인 지지를 얻으며 유엔 사무총장에 두 번째로 선출된 다음에도 이런 사랑의 실천은 계속되고 있습니다.

이 책을 읽는 우리 어린이들이 반기문 유엔 사무총장님의 삶을 통해서 자신감과 꿈 그리고 사랑을 배우기를 바랍니다.

아름다운 계절에
정란희

차례

꿈을 말하다　8

공부를 놀이처럼　22

영어를 익히면 세상이 보인다　37

서울대 외교학과에 들어가다　49

노력하는 외교관　64

기문에게 주어진 시련　83

전 세계의 대통령이 되다　102

총장님, 총장님, 나의 총장님!　113

꿈을 말하다

소중한 한마디

"내 꿈은 외교관, 오래전부터 가졌던 장래 희망이야!
열심히 노력해서 꼭 이루고야 말겠어."

– 반기문

"학생의 장래 희망은 무엇인가요?"
케네디 대통령이 기문에게 물었다.
"네, 저는 외교관이 되고 싶습니다."
기문은 망설이지 않고 대답했다.
"멋진 꿈을 꼭 이루길 바랍니다."

   케네디 대통령은 기문에게 환하게 웃는 얼굴로 격려하고는 자리를 떠났다.
   1962년 비스타 프로그램으로 미국을 방문한 반기문과 케네디 대통령이 나누었던 대화였다.
   비록 짧은 만남이었지만 기문에게 남겨진 여운은

무척 길었다. 케네디 대통령의 질문에 당당히 대답한 '외교관'이라는 장래 희망이 당황스러웠지만, 한편으로는 즐겁고 설레기도 했다. 여태까지 가졌던 꿈에 대한 희미한 생각을 입 밖으로 내뱉는 순간, 그 꿈이 뚜렷해져 오는 것 같았기 때문이다. 그 느낌은 마치 깜깜한 길에 번쩍 불이 들어오는 느낌과도 같았다.

'그래, 내 꿈은 외교관이야. 오래전부터 가졌던 장래 희망이야! 열심히 노력해서 꼭 이루고야 말겠어.'

기문은 대한민국 학생 대표로 나와 있는 비스타 미국 연수가 대한민국을 알릴 수 있는 외교의 시작일지도 모른다고 생각했다. 그래서 같은 반인 캐나다, 칠레, 터키, 파나마, 인디아, 독일, 유고슬라비아, 뉴질랜드, 이탈리아 학생들에게 우리나라에 대한 많은 것들을 알려 주기로 마음먹었다. 한 달 동안의 연수 기간이 우리나라를 알리는 데에 결코 모자라지 않을 거라고 생각했다. 하지만 그들은 대한민국에 대해 아는 것이 거의 없었다.

"대한민국이라고? 어디 있는 나라지?"

"너희 나라에 대학은 있니?"

"남자와 여자가 서로 사귀기도 해?"

기문은 말도 안 되는 질문에 기가 막혔지만 내색하지 않았다.

'그래, 이게 바로 외교관이 할 일이지.'

기문은 알고 있는 모든 단어를 총동원해서 대한민국을 알리기 위해 노력했다.

8월 30일, 기문은 미국에서 우리나라로 돌아오는 비행기를 탔다. 연수를 잘할 수 있을지 조심스럽고 불안한 마음이 들었던 출국 때와는 달리 섭섭함과 아쉬운 마음이 컸다. 폐회식을 마치고 나서 다른 나라 대표들과 서로 부둥켜안고 섭섭함의 눈물을 흘리기도 했다. 많은 것들을 배우고, 앞으로 꿈을 위해 어떻게 나아갈지 알게 된 소중한 경험이었다.

기문에게 비스타 프로그램을 추천해 준 건 김성태

선생님이었다.

어느 날, 김성태 선생님이 기문을 불렀다.
"기문아, 미국에 가 볼 수 있는 기회가 있는데 한 번 도전해 보는 게 어떻겠니?"
"네? 미국이요?"
기문이 화들짝 놀라는 것은 당연했다. 기문에게 미국이란 미지의 나라였다. 충주 비료 공장 근처에서 어쩌다 미국인을 만나기도 했지만, 자신이 갈 수 있는 나라라고는 한 번도 생각하지 못했다. 어안이 벙벙해져 있는 기문에게 선생님은 웃으며 말했다.
"그래, 미국! 미국에서 열리는 비스타 미국 연수 프로그램인데……."
당시 미국의 적십자사에서는 해마다 세계 회원국의 청소년들을 미국으로 초대해 한 달 동안 연수를 시켜 주고 있었다. 늘 학생들의 장래와 도전에 대해 관심이 많은 김성태 선생님이 이런 좋은 소식을 놓칠 리 없었다. 선생님은 기문처럼 성실하고 똑똑한 학생이 대한민국 대표로 갔으면 좋겠다고 생각했다.

"일단 서울에서 열리는 영어 대회에서 입상을 해야 해. 물론 전국에서 영어 잘하는 아이들이 모이는 대회니까 쉽지는 않겠지. 하지만 넌 잘 해낼 수 있을 거야. 난 너처럼 성실하고 영어를 좋아하는 아이는 처음 보거든. 열심히 해 보렴."

선생님의 말에 기문은 가슴이 두근거렸다. 미국에 가는 것도 근사하고 멋진 일이지만, 전국에서 모인 친구들과 영어 실력을 당당히 겨뤄 보는 일도 무척 흥미로웠다. 게다가 모든 비용을 미국에서 다 댄다고 하니 이보다 더 좋은 기회는 없을 것 같았다.

"꼭 가고 싶습니다, 선생님!"

기문은 영어 대회에서 반드시 수상을 해 미국에 가고 싶었다. 그래서 가장 먼저 해야 할 일이 무엇인지 물었다.

"우선 영어로 된 신문을 구해서 읽자꾸나. 신문은

독해 능력도 키워 주면서 세상을 보는 눈을 틔어 주거든."

 기문은 서울에 가는 사람들에게 부탁을 하거나, 충주 시내를 돌며 '코리아 타임스'라는 신문을 구해 읽었다. 처음에는 국제 관계나 산업에 대한 전문용어가 많이 나와서 하나하나 영어 사전을 찾아 가며 읽어야 했지만, 워낙 영어를 좋아하고 즐기며 공부하다 보니 그것도 금방 익숙해졌다. 시작한 지 얼마 지나지 않아 영어를 어렵지 않게 읽어 내려갈 수 있었다. 선생님 말대로 영어 공부에도 가속도가 붙는 것 같았다. 기문은 코리아 타임스를 통해 세계 각국에서 일어나는 모든 일들을 한눈에 알 수 있었다. 이때부터 기문에게는 영어 신문 읽기가 세상에서 가장 재미있는 놀이가 되었다.

 서울에서 영어 본선 대회가 열리기 전, 기문은 자연스럽게 충청도 대표로 뽑히게 되었다.

 "나가 봤자 안 돼. 서울 명문고 애들이 얼마나 많

이 나오는데……."

"그렇지, 괜히 헛고생할 필요가 있겠어?"

"그렇게 어려운 시험을 어떻게 보려고? 말도 안 되지."

하며 아무도 대회에 응시하지 않았기 때문이다. 하지만 기문은 달랐다. 도전해 보지도 않고 포기하는 건 옳지 않다고 생각했다.

'서울 아이들한테 밀려 입도 뻥긋 못하는 거 아니야?' 하는 생각도 잠시 들었지만 이내 긍정적인 생각으로 바꾸었다.

"일단 한번 해보는 거야. 대회에서 떨어지더라도 최선을 다하면 되는 거지. 이번 기회에 서울 구경도 하고 내 실력도 알아보니 꿩 먹고 알 먹고지, 뭐."

이렇게 생각하니 기문은 마음이 편안해졌.

드디어 서울에서 영어 본선 대회가 열렸다. 기문이 대회장에 들어서는 순간, 서울 학생들이 친구를 응원하는 소리가 대회장에 크게 울렸다. 하지만 기문은 주눅 들지 않고 침착하고 당당하게 대회를 준비했다.

영어 대회의 발표 주제는 '세계 평화와 세계 속 대한민국의 위상'이었다. 어떤 참가자는 발음은 좋았지만 긴 문장이 많아 듣는 사람이 내용을 이해하기 어려웠고, 어떤 참가자는 표현력과 문장력은 좋았지만 발음이 정확하지 않아 뜻 전달이 제대로 되지 않았다. 하지만 대부분은 각 지역을 대표하는 학생답게 영어 실력이 좋았다.

자신의 차례가 다가올수록 기문은 자신감이 생겼다. 큰 실수만 하지 않는다면 너끈히 해낼 수 있을 것 같았다. 다행히 큰 실수 없이 기문은 무사히 영어 대회를 마쳤다.

충주로 돌아오자 친구들은 물론, 선생님들까지 기문을 붙잡고 '시험 잘 봤니?' 하고 물었다.

"그냥 봤어요."

쑥스러움이 많은 기문이 이렇게 말하는 건 시험을

잘 본 거라고 모두들 생각했다. 그래서 친구들과 선생님들은 희망을 가졌다.
 "드디어 기문이 미국에 가는구나."
 "충주를 빛낼 인물이야!"
 "다른 학생들에게도 좋은 본보기가 되겠어."

하며 빨리 대회 결과가 나오길 기다렸다. 하지만 시간이 꽤 지났는데도 기다리던 합격 소식이 오지 않았다. 김성태 선생님은 교장 선생님을 찾아가 의논했다.

"교장 선생님, 이렇게 발표가 늦어지는 게 이상합니다. 수고스러우시겠지만 교장 선생님께서 한번 알아봐 주셨으면 합니다."

그러자 교장 선생님은 침착하게 말했다.

"서두르지 말고 며칠만 더 기다려 봅시다. 우리가 조급해하면 기문이가 부담스러울 수 있고, 주최 측에서도 나름 바쁜 사정이 있을지도 모르니……."

교장 선생님은 며칠 더 기다려 보고 그때까지 연락이 없으면 서울을 다녀오겠다고 했다. 사실 교장 선생님 역시 애가 타는 건 마찬가지였다. 기문이 미국 비스타 프로그램에 뽑히기만 하면 충주 고등학교도 전국적인 명문고로 발돋움할 수 있기 때문이었다.

하지만 기다리던 연락은 오지 않았다. 한참을 기다리던 교장 선생님은 서울로 올라가 시험을 주관한 기관에 찾아갔다.

"반기문 학생의 수상 여부에 대해 알고 싶어 왔습니다."

교장 선생님의 말에 담당자는 깜짝 놀랐다. 그러고는 한참 동안 뜸을 들이더니 말했다.

"아, 그 학생, 반기문 학생은 입상이 어렵게 됐습니다. 학생 콧등에 볼록 튀어나온 점이 있어서 우리나라 대표로 미국에 보내기가 좀 그렇습니다."

교장 선생님은 그 말에 펄쩍 뛰었다.

"뭐라고요? 이런 말도 안 되는 경우가 어디 있습니까? 얼굴에 있는 점이야 병원에 가서 당장 떼어 버릴 수도 있는 거 아닙니까? 사람 겉모습이 합격과 불합격을 가르는 기준이 된다는 게 말이 됩니까?"

담당자는 불편한 얼굴로 마른침만 삼켰다.

"내가 여기까지 왔는데 우리 반기문 학생, 점수나

좀 보고 갑시다. 떨어질 때 떨어지더라도 점수를 알아야 내가 그 아이에게 할 말이 있지 않겠소?"

　흥분을 가라앉힌 교장 선생님이 담당자에게 물었다. 담당자는 주저하더니 점수를 알려 주었다. 우수한 성적을 받은 기문은 1등이었다. 성적을 알게 된

교장 선생님은 주먹을 꽉 쥐었다.

'반드시 놓친 1등을 찾아 주겠어.'

교장 선생님은 충주로 돌아와서 사람들에게 이 같은 사실을 알렸다. 기문이 영어 대회에서 부당하게 떨어졌다는 소식을 들은 사람들은 여러 학교와 단체에 협조를 구했다. 그리고 적십자사와 주최 측에 여러 차례 편지를 보냈다. 충주 비료 공장의 미국인 기술자들도 미국 대사관에 연락을 해 주었다. 사람들은 기문이 영어 대회를 위해 얼마나 많은 노력을 기울였는지 알기에 너나없이 발 벗고 나서 주었다.

그러던 어느 날, 주최 측에서 연락이 왔다. 1등인 반기문 학생을 비스타 장학생으로 뽑겠다는 내용이었다. 이렇게 해서 기문은 미국 비스타 프로그램에 참여하게 되었다.

공부를 놀이처럼

소중한 한마디

"존경하는 함마르셸드 유엔 사무총장님! 헝가리 사람들이 자유를 위해 공산주의에 맞서 싸우고 있습니다. 세계의 평화를 위해 일하는 유엔에서 그들을 도와주어야 합니다."
– 반기문이 함마르셸드 유엔 사무총장에게 보낸 편지 중

기문은 어렸을 때부터 회사에 다니는 아버지의 전근으로 이사가 잦았다. 충청북도 음성의 행치 마을에서 태어난 기문은 한 달 만에 시내로 이사를 갔고,

다시 세 살이 되던 해 청주로 이사를 했다. 아버지가 다니는 '충북산업'이란 곳은 탄광 개발과 밀가루를 생산하는 회사였고, 아버지는 그곳에서 물류 창고를 관리했다.

초등학교 1학년 가을, 기문의 가족들은 다시 충주로의 이사를 앞두고 있었다.

"기문이를 어느 학교로 전학시킬지 고민이오."

아버지의 말에 어머니는 좋은 생각이 났다는 듯 말했다.

"당신 조카 중에 교현 초등학교에 근무하는 선생님이 있지 않아요?"

"참, 그렇지. 영희가 있었군. 영희가 있는 학교에 보내는 게 좋겠네. 집에서 좀 멀더라도 좋은 학교에 보냅시다."

1896년에 세워진 교현 초등학교에는 전쟁 직후 나라가 온통 어수선할 때에도 배워야 한다는 마음으로 무려 2,000명이 넘는 아이들이 모였다. 그들 중에는 가난 때문에 입학을 미루다 서너 살 늦게 입학한 아이들도 많았다. 6·25 전쟁 중에 폭격을 맞아 목조로 만든 학교 건물이 불에 타 없어지고, 제대로 된 책걸상 하나 없었다. 하지만 천막으로 교실을 만들고, 나무판자로 칠판을 만들었다. 교현 초등학교는 비록 겉보기는 초라했지만 꿈 많은 어린이들이 모인 밝고 활기찬 학교였다.

 기문은 교현 초등학교 선생님인 영희 누나의 손을 잡고 교실로 들어갔다.

 "촌닭이 하나 더 왔다."

 "야, 전학 온 촌놈!"

 또래 친구들보다 나이가 많아 보이는 아이들이 소리쳤다. 그러자 옆에 있던 아이가 영희 선생님의 눈치를 보며 소리친 아이들의 옆구리를 찔렀다. 주의하라는 신호였다. 하지만 그때뿐이었다. 아이들의 놀림은 계속되었다. 친척 누나가 선생님으로 있었지만 전학생 기문에게 새로운 학교는 결코 만만한 곳이 아니었다.

　한 아이가 기문의 콧등에 있는 큰 점을 보고 키득키득 웃더니 놀리기 시작했다.

"네 별명은 이제 파리똥이다. 파리똥만 한 점이 있으니까 파리똥!"

　그러자 금세 다른 아이들도 따라 하기 시작했다.

"파리똥! 파리똥!"

"파리가 네 코에 똥을 쌌구나! 우하하하."

기문은 눈물이 찔끔 났지만 참았다. 눈물을 보이면 아이들이 더 심하게 놀릴까 봐 애써 침착한 모습을 보였다.

기문은 꾹 참고 있다가 집에 가서 어머니한테 속상한 마음을 얘기했다.

"엄마, 아이들이 나더러 파리똥이라고 놀려요."

그러자 어머니는 조용히 웃으며 말했다.

"그 친구들이 우리 기문이와 무척 친해지고 싶은가 보구나. 그래서 짓궂게 장난을 치는 거야. 그러니 너도 화를 내거나 울지 말고 친근하게 대해 주렴. 언젠가는 친구들이 네 착한 마음을 알게 될 테니……."

정말 그랬다. 시간이 흐르면서 반 아이들은 기문을 더 이상 놀리지 않았다. 기문의 유순한 성격과 성실한 모습 때문이었다. 누구에게나 친절하고, 수업 태도도 좋고, 예습과 복습을 철저히 하는 기문을 아이들은 인정하기 시작했다.

"받아쓰기가 어려워."

"셈하는 건 도무지 모르겠어."

친구들이 투정을 하면 기문은 선생님보다도 더 자세히 가르쳐 주었다. 아무리 여러 번 물어도 귀찮아하는 법이 없었다. 수업과 관련된 내용까지 조곤조곤 설명해 주어 머릿속에 쏙쏙 들어오게 해 주었다. 기문에게 수업 내용을 물어보던 한 친구가 자기 자리로 돌아가면서 이렇게 말했다.

"이제 알겠어. 반 선생!"

기문이 무슨 말인지 몰라 눈을 동그랗게 뜨자 친구는 웃으며 말했다.

"넌 선생님처럼 아는 게 많으니까, 선생이야! 반 선생!"

그날 이후, 기문의 책상 주변엔 아이들이 더 모여들었다. 콩나물시루같이 빼곡한 교실에서 수업을 듣기 때문에 학생들은 모르는 게 있어도 선생님한테 일일이 물을 수가 없었다. 그러니 하나하나 알기 쉽게 가르쳐 주는 기문이가 고마운 건 당연했다. 그 뒤로는 기문을 '파리똥'이라 부르는 친구는 없었다. '반 선생'이라고 부르는 친구는 많았어도.

친구들과 들과 산을 뛰어다니며 놀기도 하고, 부모님을 도우며 동생들을 보살피던 기문이 5학년이 되던 해의 일이다.

교현 초등학교에 중요한 손님이 오기로 했다. 변영태 외교부 장관이 바로 그 손님이었다. 변 장관은 전국 초등학교를 돌며 강연회를 열곤 했는데, 이번에는 기문이 다니는 학교를 찾기로 한 것이다.

학교는 손님 맞을 준비로 몹시 분주했다. 교실과 복도를 깨끗이 쓸고 닦았으며, 유리창까지 마른걸레질을 했다. 화단도 손보았다.

변영태 외교부 장관이 오자, 교현 초등학교 전교생 모두 운동장에 모였다. 변 장관은 아이들을 둘러보며 말했다.

"여러분, 안녕하세요? 저는 외교부 장관으로 있는

변영태입니다. 외교부 장관이 무슨 일을 하는 사람인가 하면…….”

 변 장관은 나라를 대표해서 우리나라와 다른 나라 사이에서 일어나는 여러 가지 일들을 맡고 있다고 소개했다. 이렇게 자신을 소개한 변영태 장관은 갑자기 윗옷을 벗기 시작했다. 아이들의 눈이 휘둥그

레졌다. 킥킥 웃는 아이도 있었다. 아이들에게 변 장관은 아령 시범을 보이며 단단한 몸을 뽐냈다.

"여러분, 이렇게 체력을 키우십시오. 체력은 국력입니다. 여러분은 우리의 미래입니다. 체력을 길러 우리나라를 잘 이끌어 주세요. 여기에도 미래에 외교관이 될 사람이 있을 겁니다. 나라를 위해 일하는 것은……."

순간 기문의 가슴에 '외교관'이란 말이 쿡 박혔다. 변영태 장관처럼 우리나라를 위해 외국을 돌아다니며 일하는 훌륭한 사람이 있다는 것이 신기했다. 그리고 '나도 커서 나라를 위해, 세계를 위해 일하는 훌륭한 사람이 되고 싶다'는 꿈의 씨앗이 가슴속에 단단하게 자리를 잡았다.

변 장관과의 만남이 있은 지 일 년도 채 지나지 않아 기문은 세계를 위한 일을 하게 되었다.

기문은 우연히 '헝가리'라는 힘없는 나라 국민들이 화가 나서 벌 떼처럼 들고 일어났다는 소식을 들었다. 그 일로 많은 사람들이 죽고 다쳤다고 했다.

'그들은 무슨 일로 싸우게 됐을까? 사람들마다 각자 가진 생각들이 달라서일까? 대화로 풀 수는 없었을까?'

궁금한 걸 참지 못하는 기문이 선생님에게 물었다.

"헝가리 사람들은 지금 그들을 지배한 소련에게서 독립하기 위해 싸우고 있단다. 소련의 독재자 스탈린이 죽자, 헝가리 사람들은 자유를 얻을 수 있으리라 생각했단다. 그런데 흐루시초프라는 더 고약한 독재자가 무력을 앞세워 쳐들어온 거야. 그 바람에 자유를 위해 싸우던 수많은 헝가리 사람들이 죽거나 다치게 되었단다."

기문은 가슴이 아팠다. 전쟁의 고통 속에 있을 그들에게 적게나마 보탬이 되고 싶었다.

"제가 헝가리 사람들을 위해 할 수 있는 일은 없을까요?"

그러자 선생님은 한 가지 제안을 했다.

"기문아, 네가 유엔 사무총장인 함마르셸드에게 편지를 써서 보내는 게 어떻겠니?"

기문은 고개를 끄덕였다. 그러고는 헝가리를 쳐들어간 소련을 비난하는 내용의 글을 써서 전교생 앞에서 읽어 내려갔다.

"존경하는 함마르셸드 유엔 사무총장님! 헝가리 사람들이 자유를 위해 공산주의에 맞서 싸우고 있습니다. 세계의 평화를 위해 일하는 유엔에서 그들을 도와주어야 합니다."

기문이 또박또박 편지를 읽자, 선생님과 아이들은 박수를 쳤다.

기문은 낯선 나라인 헝가리와 소련의 역사를 잘 알지 못했다. 함마르셸드 유엔 사무총장도, 스탈린도, 흐루시초프도 몰랐다. 하지만 무엇이 옳고 그른지는 알 수 있었다. 폭력이 얼마나 무서운 것인지, 자유가 얼마나 소중한 것인지는 알 수 있었다. 소련에게서 독립하려 애쓰는 헝가리가, 일제 강점기 때

일본에게서 독립하려는 우리나라 같다는 생각에 울컥 목이 메기도 했다.

 뜻밖에도 이 인연은 길게 이어졌다. 정확히 50년 후, 기문은 헝가리 정부로부터 '헝가리 자유의 메달'을 받게 된 것이다.

 2006년 가을, 반기문은 유엔 사무총장에 선출되면서 수락 연설을 통해 이 일화를 소개했다. 헝가리 정부는 50여 년 전, 충북 충주에 살던 열세 살 어린 소년의 행동에 감동해서 반기문에게 메달을 수여한 것이다.

 기문이 6학년 때의 일이다. '한승수'라는 공부 잘하는 아이가 있었다. 기문과는 1, 2등을 다투는 사이였다. 마침 교현 초등학교에서는 주산 대회가 열릴 예정이었다. 아이들은 대회에 승수가 나갈 거라고 생각했다. 주산만큼은 승수가 단연 으뜸이었기 때문이다.

점심시간, 기문이 승수에게 다가갔다.

"승수야, 우리 주산 시합하자."

"그래!"

승수는 대수롭지 않게 생각하고 주판을 꺼내 줄을 맞췄다. 심판을 맡은 친구가 숫자를 불러 주었다.

"35 곱하기 24에 541을 빼고 7,832를 더하고 다시 81을 빼면?"

"8,050!"

승수가 더 빨랐다. 먼저 시합을 건 기문이 머쓱해졌다. 하지만 기문은 포기하지 않았다. 집에 가서 열심히 연습했다. 속도를 높이기 위해 손가락 끝이 아프도록 주판알을 튀겼다. 기문의 집에서는 밤새 주판알 튀기는 소리가 났다.

다음 날 점심시간, 기문은 승수에게 한 번 더 겨뤄 보자고 했다.

"어제 졌으면서 뭘 또 하자고 하냐?"

장난스럽게 면박을 주면서도 승수는 기문의 말을

따랐다. 어제보다 좀 더 어려운 문제들이었다.

"49 곱하기 86에 721을 빼고, 4,927을 더하고 다시 67을 빼면?"

"7,409!"

기문이었다. 하지만 이어 승수가 말했다.

"아니야. 정답은 8,353이야."

기문이 속도에 신경 쓰다 보니 정확성이 떨어진

것이다. 그러자 모여 있던 아이들이 한마디씩 했다.

"기문아, 그냥 포기해! 만날 지면서, 뭘."

"그래, 넌 주산은 아닌가 봐."

하지만 기문은 도전을 그만둘 수는 없었다. 그래서 속도와 정확도를 한꺼번에 잡기 위해 몇 날 며칠을 노력했다. 그리고 끝내는 승수를 이겨 학교 대표로 주산 대회에 나가게 되었다.

"기문이 넌 정말 대단해!"

승수의 말에 기문은 웃으며 고맙다고 말했다. 기문은 보통 때는 얌전하지만 공부를 할 때만큼은 달랐다. '친구를 반드시 이기겠다'는 경쟁심이나 승부욕보다는 공부에 대한 순수한 욕심 때문이었다. 그것은 재미있는 놀이를 더 하고 싶고, 하나씩 알아 갈 때의 기쁨을 맛보고 싶은 감정과 같았다. 공부를 재미있는 놀이처럼 하는 게 공부를 잘하는 비결이었다.

영어를 익히면 세상이 보인다

소중한 한마디

"난 영어가 제일 재미있어. 그래서 자꾸만 말하고 싶어져."
― 반기문

충주 중학교에 입학한 날이었다. 담임 선생님은 반 아이들을 둘러보며 말했다.

"반장은 1등이 하는 거니까, 기문이가 반장을 해!"

이렇게 해서 기문은 중학교에 올라간 첫해부터 반장을 맡게 되었다. 기문은 주변을 둘러보았다. 교복을 입은 아이들 중에 아는 얼굴이 여럿이었다. 초등학교 때와 크게 달라진 건 없었다. 딱 하나 달라진 게 있다면, 그전까지 배우지 않았던 영어를 배우게 되었다는 것이다. 알파벳부터 배웠는데 꼬부랑 글씨가 어설프고 어색했다. 친구들의 영어 공책을 보니 괴발개발 쓰인 자신의 공책과는 다르게 글씨가 그럴듯했다.

"넌 중학교 들어오기 전에 영어를 배웠니?"

기문의 질문에 친구들은 고개를 끄덕였다.

"응, 형한테 배웠어."

"난 누나가 알파벳 대문자, 소문자 다 가르쳐 줬는데……."

기문은 친구들이 부러웠고, 미리 예습을 하지 않은 자신이 원망스러웠다.

'나도 중학교 입학하기 전에 미리 영어 공부를 좀 해 둘걸.'

하지만 후회만 하고 있을 수는 없는 노릇. 기문은

얼른 마음을 다잡았다.

　'남보다 늦은 만큼 더 열심히 하겠어.'

　영어 선생님은 숙제로 알파벳을 스무 번씩 써 오라고 했다.

　"에이, 너무 많아요."

　"선생님, 줄여 주세요. 네?"

　아이들은 입을 불쑥 내밀며 볼멘소리를 했지만 기문은 달랐다.

　'내가 마음먹은 대로 열심히 하겠어. 먼저 선생님이 내 주신 숙제부터 제대로 하자.'

　영어 숙제를 하는데 기문의 동생들이 옆에서 자꾸 놀렸다.

　"애걔걔, 이게 글씨야? 벌레가 꼬물꼬물 기어가는 것 같아."

　"그냥 대고 그리는 게 낫겠다."

　바로 아래 동생인 기상이도 알파벳을 들여다보더니 'i'와 'j'를 가리키며 물었다.

"형, 왜 이 글자 두 개에만 점이 찍혀 있어?"
"이것만 알면 미국 말을 할 수 있는 거야?"
옆에서 말을 걸어 귀찮게 하는 동생들에게 일일이

대답해 주다 보니 숙제를 하는 속도가 더뎠다. 하지만 알파벳을 스무 번 넘게 써 보니 조금씩 알 것 같았다. 공책을 빼곡하게 채우느라 오른팔이 뻐근했다. 그리고 가운뎃손가락 마디가 혹이 생길 것처럼 발갛게 부풀어 올랐다. 하지만 자신감이 생겨 기분은 좋았다.

영어 선생님이 내 주는 숙제는 기본이 스무 번이었다. 단어, 문장 할 것 없이 늘 스무 번을 써 와야 했다. 영어 수업이 시작되기 바로 전에 부랴부랴 숙제를 하는 아이들이 많았다.

"도저히 못하겠어, 차라리 맞을래."

하며 몸으로 때우겠다는 아이들도 있었다. 하지만 기문은 항상 미리 숙제를 했다. 영어 선생님의 숙제가 힘들긴 했지만 영어가 낯선 기문에게는 더할 나위 없이 효과적이었다. 같은 단어와 문장을 되풀이해서 쓰다 보니 저절로 영어 문장이 외워졌다. 기문에게 영어는 '지루함'이 아니라 '즐거움'이었고, '억

지로 공부'가 아닌 '스스로 공부'였다.

기문은 중학교 영어 교과서를 읽으며 모조리 외워 버렸다. 이렇게 교과서를 떼고 나니 읽을거리가 마땅치 않았다. 그때부터 기문에게는 한 가지 소원이 생겼다. 영어로 된 읽을거리를 마음껏 가져 보는 것이었다.

고등학생이 되어서도 상황은 변하지 않았다. 여전히 영어에 대한 관심과 정성은 많았으나 읽을거리는 부족했다.

어느 날, 기문은 영어 선생님에게 영어 문법책을 권해 달라고 부탁했다. 그러자 선생님은 이렇게 말했다.

"기문아, 네가 영어 교재를 한번 만들어 보는 게 어떻겠니?"

그러면서 학교에 있는 녹음기를 주었다. 일단 교과서 내용을 녹음해서, 듣기 교재로 활용하자고 말했다.

기문은 녹음기를 받았지만 어디서부터 시작해야 할지 막막했다. 그때 번뜩, 충주 비료 공장에 있는 미국인 기술자들이 생각났다. 비료 공장이 세워진 지 얼마 되지 않아 기술을 알려 주러 온 미국 근로자들과 가족들이었다.

"바로 그거야! 그들에게 부탁하면 콩글리시가 아닌 정확한 발음을 녹음할 수 있어."

기문은 좋은 교재를 만들 수 있겠다는 생각에 흥분했다.

하지만 미국인 기술자를 만나는 일은 생각처럼 쉽지 않았다. 마주치기도 힘들었고, 마주친다 해도 그들은 귀찮다는 듯 기문을 스쳐 지나가 버렸기 때문이다. 기술자들에게 용기를 내어 말을 건넨 기문은 자꾸 무안해졌다. 하지만 이 정도로 쉽게 포기할 기문이 아니었다.

어느 날, 기문은 기술자 부인으로 보이는 아주머니가 집으로 들어가려는 걸 보았다. 기문은 얼른 뛰어가 영어로 인사했다.

"안녕하세요?"

"안녕하세요? 학생은 영어를 잘하는군요!"

기술자 부인이 반갑게 인사했다. 아주머니는 예의 바른 기문에게 호감을 느끼고 기꺼이 말벗이 되어 주었다. 기술자 부인과 한동안 대화를 나누고 나서 기문은 콩글리시가 아닌 정확한 발음으로 영어 교재를 만들고 싶다는 자신의 계획을 말했다. 그러자 부인은 흔쾌히 영어 교과서 녹음을 도와주겠다고 했다.

부인은 몇 시간 동안 영어 교과서 단원들을 읽어 주었다. 그리고 다음에 오면 이어서 해 주겠다고 했다. 기문은 몹시 기뻤다. 자신이 알던 영어 발음이 아니었다. 영어 선생님에게 듣던 영어 발음도 아니었다. 발음 기호를 보고 억지로 만들어 낸 발음이 아니라, 미국인들이 쓰는 자연스러운 미국식 발음이었다. 기문은 제대로 된 영어 발음을 익히기

위해 수도 없이 반복하며 따라 했다. 부인은 사흘 동안이나 영어 교과서 녹음을 도와주었다.

"감사합니다. 아주머니 덕분에 좋은 영어 교재를 만들게 되었습니다."

부인은 이렇게 예의 바르고 성실한 기문을 기특하

게 여겼다. 그래서 이웃에 있는 다른 미국인 부인들에게도 기문을 소개해 주었다. 그중에는 한국 학생들에게 영어를 가르치는 사람도 있었다. 기문은 그들과 웃으며 영어로 이야기를 주고받았다. 어린아이 말 배우듯 더듬거릴 때도 있었지만 이내 자연스럽게 대화할 수 있었다.

미국인 부인들은 영어 교재를 다 만든 후에도 기문과 다른 친구들에게 영어 회화나 읽기를 지도해 주곤 했는데, 그중 약속을 잘 지키고 열심히 공부하는 기문을 가장 좋아했다.

기문은 하루 종일 영어 생각뿐이었다. 비료 공장에 가지 않는 날에는 성당이나 교회를 찾아갔다. 외국인 신부와 선교사들이 있었기 때문이다. 기문은 그들에게 다가가 말을 걸었다. 처음에는 그들도 기문을 귀찮아했지만 얼마 못 가 그의 열정에 감동하고 말았다. 그래서 차근차근 영어로 그들의 문화나 역사를 들려주고, 이야기도 나누며 친구가 되어 갔다.

기문은 영어를 익히면 익힐수록 세상을 넓게 볼 수 있는 것 같아 뿌듯했다.

하루는 기문의 친구, 문영이가 말했다.

"기문아, 넌 영어가 그렇게 좋아?"

기문은 고개를 끄덕이며 웃었다.

"너처럼 영어를 좋아하는 친구는 처음 봐. 너 그거 알아? 넌 보통 때는 말이 없다가 영어만 하면 수다쟁이가 되는 거?"

"그래? 내가 그랬어?"

기문은 얼굴이 빨개졌다. 듣고 보니 정말 그런 것 같았다. 미국인 기술자 부인들과 신부님, 선교사들과 대화할 때는 항상 신이 나 있었다. 그러자 문영이는 깔깔 소리 내어 웃었다.

"흉보는 거 아냐, 부러워서 그래."

"난 영어가 제일 재미있어. 그래서 자꾸만 말하고 싶어져."

"그래, 그렇게 좋아하는 일이 있다는 게 얼마나 좋

으니? 난 너의 열정이 부러워."

　부러워한 건 문영뿐만이 아니었다. 쉼 없이 영어로 말하고, 영어 단어와 문장을 외우는 기문을 보고 아이들은 '영어에 미쳤다'고 했다. 하지만 마음속으로는 무척 부러워했다. 자신들은 서울이나 대전 같은 대도시로 진학하는 친구들을 부러워하며 충주에 남은 것을 아쉬워하고 있을 때, 기문은 달랐기 때문이다. 기문은 '큰물에서 놀고 싶다'는 막연한 욕심만 갖고 불평을 늘어놓기보다는 현실에 충실하며 성실히 공부하여 당당히 실력을 쌓아 갔다.

서울대 외교학과에 들어가다

소중한 한마디

"가난하다고 해서 마음먹은 일을 할 수 없는 건 아니야. 오히려 모자라고 부족한 부분이 있어서 더 열심히 할 수 있는 거지."

– 반기문

기문의 아버지는 인심 좋고 선한 사람이었다. 자신이나 가족보다는 남을 먼저 생각했고, 자식들에게도 '남에게 베풀며 살아야 한다'고 말했다. 아버지의 성격이 이렇다 보니 손해를 볼 때도 많았다. 부탁을 거절하지 못해 돈을 빌려 주는 일이 많았고, 외판을 하는 주변 사람들에게 수십 권씩의 책을 사들이기도 했다. 덕분에 기문과 동생들은 마음껏 책을 읽을 수 있었지만, 살림살이는 늘 그만그만했다.

그러던 중, 아버지가 다니던 회사를 그만두고 창고 사업을 하기 시작했다. 그런데 창고에 쌀 도둑이 드는 일이 잦았다. 입에 풀칠을 하기 힘든 때라 조금만 단속을 소홀히 하면 도둑이 들었다. 가족들은 누가 훔쳤는지 알 것 같았지만 내버려 두었다. 아버지의 말 때문이었다.

"도둑이 되고 싶어 도둑질을 했겠나, 배가 고프니 어쩔 수 없이 그랬겠지."

이렇게 인정 많은 아버지의 성격을 아는 사람들이 쌀이나 돈을 꿔 가거나 군식구로 눌러앉는 일이 많았다.

어느 날, 충주에서 한동네에 살던 김 씨가 기문의 집에 찾아왔다.

"지금 내 처지가 옹색하여 딱히 머물 곳이 없다네. 잠시 묵어가도 되겠는가?"

"그야 당연하지. 갈 곳이 생길 때까지 마음 편히 있게나."

아버지는 흔쾌히 허락했다. 그러고는 귀한 손님 모시듯 김 씨를 극진히 대접했다. 그러던 어느 날, 김 씨가 외출했다가 돌아오더니 아버지를 불렀다.

"서울에서 기가 막힌 사업을 할 게 있는데 함께 해 보지 않을 텐가? 자네도 아이들 때문에 돈 들어갈 데가 많을 게 아닌가."

아버지는 김 씨의 말에 귀가 솔깃했지만 고민이 되었다. 김 씨의 말을 믿자니 뜬금없었고, 안 믿자니 김 씨한테 미안한 생각이 들었기 때문이다.

"자네한테만 말해 주는 걸세. 그동안 내게 베푼 정도 있고 해서……."

기문의 아버지는 결국 김 씨의 꼬임에 넘어가 버렸다. 그리고 재산과 창고에 있는 물건까지 잡혀 돈

을 건네주었다. 그러자 돈을 받은 김 씨는 그날 저녁 온데간데없이 사라져 버렸다. 김 씨가 기문의 집에 머문 지 1년쯤 되었을 때의 일이다.
"아니야, 김 씨가 그럴 리 없어."

아버지는 서울까지 김 씨를 찾아 나섰지만 어디에도 김 씨의 흔적은 찾을 수 없었다. 작정하고 사기를 치고 떠난 것이다.

 그 후로 살림이 어려워지는 건 당연했다. 끼니 걱정을 할 정도로 살림이 가난해지다 보니 어머니까지 일터로 나가게 되었다. 따라서 기문이 집에서 해야 할 일도 많아졌다. 중학교 3학년에 진학하면서 공부할 것이 더욱 많아졌지만 집안일을 나 몰라라 할 수는 없는 노릇이었다.

 '어머니가 바쁘시니 장남인 내가 동생들을 잘 챙기고, 집안일도 도와 드려야겠어.'

 기문은 많은 시간을 동생들을 위해 썼다. 그렇다고 공부를 소홀히 할 기문이 아니었다. 잠자는 시간을 줄일 수밖에 없었다.

 하루는 기문의 어머니가 알뜰히 모은 돈으로 아이들에게 새끼 돼지를 한 마리 사 주었다.

"새끼가 태어나면 다 너희들 거니까 열심히 키워 보렴."

장남인 기문이 얼기설기 돼지우리를 만들었다. 손끝이 야무지진 않았지만 즐겁게 축사를 만들고, 바닥에 지푸라기를 깔아 주고 먹이를 구해 왔다. 동네에는 소와 돼지, 닭 등 가축을 기르는 집이 많아 남

은 먹이를 얻기란 쉽지 않았다. 그래서 시내 음식점까지 가서 음식 찌꺼기들을 구해 와야 했다.

그래도 사이좋은 형제들은 서로 도와 가며 돼지를 키웠다. 돼지우리에서 나온 돼지 똥은 거둬 두었다가 거름으로 썼다.

"기문이는 참 착실하고 부지런해. 요즘 저런 아이는 찾아보기 힘들지."

"그럼, 공부도 잘해서 우리나라 대표로 미국에 연수인지 여행인지도 간다지."

"뭐? 기문이가? 돼지 친다고 구정물통 들고 다니던 그 아이가? 정말 대단하네."

동네 어른들은 기문을 보고 혀를 내두르며 감탄하기도 하고, 침이 마르도록 칭찬하기도 했다. 그래서 기문 때문에 잔소리를 듣는 아이들이 많았다.

"기문이 좀 봐라. 돼지 치고, 동생들 보살피고, 집안일 하면서도 공부를 그렇게 잘하는데 넌 대체 뭐 하는 거냐?"

"반 씨네 아들 본받아 공부 좀 해라, 공부 좀. 으이구······."

기문은 집안일을 거들고, 동생들을 보살피고, 돼지를 치면서도 공부할 때는 집중했다. 학교 임원을 하고, 청소를 하고, 선생님 심부름을 하면서도 자투리 시간을 잘 활용했다. 짬이 나는 대로 예습과 복습을 해 두니 선생님의 가르침이 귀에 쏙쏙 들어왔다. 이렇게 최선을 다하는 생활 태도 때문에 기문은 늘 맨 앞자리에 설 수 있었다.

"가난하다고 해서 마음먹은 일을 할 수 없는 건 아니야. 오히려 모자라고 부족한 부분이 있어서 더 열심히 할 수 있는 거지."

기문은 동생들에게 평소 이렇게 말했다.

고등학교 3학년 여름, 미국 연수를 다녀온 기문은 곧장 입시 공부에 매달려야 했다. 하지만 한 달 동안 미국에서 느꼈던 문화적 충격 때문에 붕 떠 있는 느낌이었다. 입시생에게 가장 중요한 여름 방학을 미국에서 보냈기에 뒤처지는 느낌도 들었다. 정신을 더 바짝 차려야 했다.

기문은 공부가 힘들 때면 케네디 대통령과의 만남을 생각했다.

"저는 외교관이 되고 싶습니다."

라고 또렷하게 말한 자신의 꿈을 되새겼다.

기문이 밤늦게까지 공부를 하는데 아버지가 넌지시 말을 건넸다.

"머지않아 대학 시험을 볼 텐데, 의과 대학에 가는 것이 어떻겠니? 네가 의사가 된다면 경제적으로도 안정되고, 아픈 사람들에게도 도움을 줄 수 있어서 좋을 것 같은데. 네 생각은 어떠니?"

그러자 기문은 처음으로 아버지에게 자신의 꿈에 대해 말했다. 미국에 다녀와서 더 뚜렷해진 꿈이었다.

"아버지, 의사가 되는 것도 좋지만 저에게는 꼭 이루고 싶은 꿈이 있어요. 여태 말씀드리지 못한 건 확신이 없었기 때문이에요. 하지만 미국에 다녀와서 제가 어떤 일을 하고 싶고, 더 잘할 수 있을지 알게 되었어요. 저는 외교관이 되고 싶어요."

아버지가 생각하기에도 외교관은 기문에게 잘 어울리는 직업이었다. 영어를 잘하고 성실하고 꼼꼼하여 중요한 일을 맡겨도 문제없이 잘 해낼 아이라는 생각이 들었다.

"그래, 난 널 믿는다. 외교관이 되는 길이 결코 쉽진 않겠지만 노력하면 못 이룰 게 뭐 있겠니. 열심히 하렴."

아버지의 격려에 기문은 마음을 다잡을 수 있었다. 그날 이후, 기문은 가장 먼저 학교에 갔다가 가장 늦게 집에 돌아왔다. 미국 여행 때문에 놓친 부분을 꼼꼼히 짚어 가며 공부했다. 이렇게 해서 기문은 서울대 외교학과에 당당히 합격할 수 있었다.

기문은 늘 자신의 꿈을 지지하고 응원해 준 부모님에게 감사하는 마음을 가졌다. 자신이 부모님에게 존중받고 있다는 느낌이 들 때, 어깨가 쫙 펴지는 것 같았다.

'나는 내 스스로 삶의 주인이 되겠어. 혹시 모자라는 부분이 있더라도 노력으로 채워 가겠어.'

이런 기문의 자신감은 자식에 대한 부모님의 믿음에서부터 비롯된 것이다.

서울에서의 대학 생활은 무척 즐거웠다. 마음껏 책을 볼 수도 있었고, 중앙대 도서관학과에 입학한 유순택과의 사랑도 시작되었기 때문이다. 기문이 비스타 프로그램으로 미국을 가기 전, 충주 여고 학생회장이었던 유순택이 기문에게 복주머니를 전달한 일이 있었다. 충주 여고 학생들이 정성껏 만든 것으로 기문이 미국에서 만날 외국인들에게 줄 선물이었다. 이 일로 두 사람은 좋은 감정을 갖고 있다가 대학에 와서 특별한 사이가 되었다.

그런데 기문에게는 한 가지 아쉬운 점이 있었다. 아직 학교에서 친구를 사귀지 못했다는 점이었다.

충주에서는 '반기문' 하면 모르는 사람이 없었지만 대학교에 오니 자신은 그저 촌스러운 유학생일 뿐이었다. 기문은 마음이 맞는 친구를 사귀기를 바랐다. 그래서 눈에 띄는 친구에게 다가가 말을 걸었다.

"난 충주에서 온 반기문이야."

"그래, 반갑다. 난 안청시라고 해. 경북 김천에서 왔고."

두 사람은 책 이야기를 나누거나 도서관을 함께 다니며 친해졌다. 대부분의 대학생들은 대학에 들어오자마자 정신없이 놀러 다니기에 바빴다. 입시에서 해방되었다는 홀가분한 마음과 어른이 되었다는 우쭐한 마음 때문이었다.

하지만 기문은 '여태까지는 기초적인 공부를 했지만 이제부터는 본격적인 공부를 시작하는 거야.'라고 생각했다.

그렇다고 기문이 마음 놓고 공부만 할 수 있었던 건 아니었다. 학비는 물론 서울에서의 생활비가 만만치 않았기 때문이다. 부모님한테 생활비를 의지하는 건 옳지 않다고 생각했다. 게다가 줄줄이 있는 동생들한테도 미안한 일이었다. 그래서 가정 교사 아르바이트를 시작했다.

학생의 집에서 함께 지내면서 학생을 가르치는 일이었다. 여기에서도 기문의 성실하고 친절한 성격이 발휘되었다. 자신이 맡은 학생의 특징이나 성적을 봐 가면서 다양한 방법으로 공부를 가르친 것이다. 따라서 학부모들은 기문을 무척 좋아했다. 학벌도, 품성도, 예의범절도 바른 그를 싫어할 이유는 없었다.

특히 기문은 학생들에게 메모하는 법, 필기하는 법을 가르쳐 주었다. 지식을 받아들일 때 기억력만 믿고 대충 넘겨서는 안 된다고 일러 주었다. 꼼꼼하게 적어야 복습할 때 편하고, 교과서 내용을 그림처럼 한눈에 볼 수 있다고 말했다. 서울대 안에서도 기문의 꼼꼼함을 따라올 사람은 없었다.

　성실하게 정리하는 기문을 보고 외교학과 교수들은 입을 모아 말했다.
　"자네는 외교관의 중요한 자질을 이미 갖췄네. 받아쓰고 정리하는 능력이 놀라워."
　사소하게 여겼던 필기 능력이 외교관의 중요한 자질인 것이다. 상대방이 무심코 내뱉는 말 한마디, 표현 하나에 나라의 땅덩이가 왔다 갔다 할 수도 있고, 나라의 이득이나 손해가 늘었다 줄었다 할 수 있기 때문이다. 그래서 기문의 손에는 수첩과 펜이 늘 들려 있었다.

노력하는 외교관

소중한 한마디

"미스터 반, 당신은 세계에서 가장 빨리 프랑스어를 익힌 사람입니다. 올해 당신을 세 번 만났는데 처음에는 인사말 정도만 하더니, 두 번째 만났을 때는 간단한 대화를 할 수 있었고, 이번에는 외교 업무도 충분히 소화할 수준이네요. 당신의 프랑스어 실력은 아주 훌륭합니다."

— 블라지 프랑스 외교부 장관이 반기문에게

기문은 군대에 다녀오자마자 외무 고시를 준비했다. 선배들을 찾아가 경험담을 듣기도 했지만, 평소에는 도서관에서 밤낮 공부에 집중했다. 우리나라에서 11명만 뽑는 시험이 쉬울 리 없다는 생각에 열심히 노력했다. 도서관에서 밤을 지새워 코피를 쏟는 날도 있었고, 체력이 떨어져 책상에 앉기조차 힘겨운 날도 있었다. 하지만 합격을 향한 집념과 여자 친구 유순택의 응원, 부모님의 기도 덕분에 외무 고시에 합격하였다.

외교부에 들어가서 이듬해인 1971년, 기문은 유순택과 결혼을 하였다. 그때만 해도 여자들은 중학교, 고등학교를 졸업한 나이에 시집을 가는 경우가 많았다. 여자가 시기를 놓쳐 결혼이 늦어지는 걸 커다란 흠으로 삼던 시대였다. 그런데 유순택은 기문이 군대를 가고, 외무 고시에 합격할 때까지 도서관 사서로 근무하면서 묵묵히 기다려 주었다.

"아무 걱정 말고 열심히 해."

유순택의 격려에 기문은 거짓말처럼 힘이 났다.

둘이 결혼한다고 했을 때, 가족들은 깜짝 놀랐다.

"순택이라고? 참하고 상냥한 그 아이?"

"반기문? 충주가 낳은 신동! 외교부에 들어갔다는 청년 말이냐?"

"반가운 소식이구나."

친구들도 모두 놀라워했다.

"자네가 결혼을 한다고? 대체 데이트는 언제 한 거야?"

"이 사람, 도서관에서만 사는 공붓벌레인 줄 알았더니. 하하하."

"와우, 정말 믿을 수 없는걸."

놀라는 말투와 표정이었지만 친구들 모두 한마음으로 축하해 주었다.

외교부 연수를 마치고 기문이 근무지를 정해야 할 때가 왔다.

'어느 나라를 지원해야 할까? 영어권 나라 중에 생활비가 적게 드는 나라가 어디일까?'

기문은 고민이 되었다. 돈을 모아 충주에서 전세를 살고 계신 부모님에게 작은 집이라도 하나 사 드리고 싶어서였다. 연수 성적에 따라 근무지를 지원할 수 있었는데 기문이 1등을 해서 우선권이 있었다. 다른 사람들은 '기문이 근무지로 가장 인기가 높은 미국을 지원하겠지.' 하고 생각했다.

기문은 아내에게 말을 꺼냈다.

"이번에 인도로 지원할까 하는데 당신 생각은 어떻소?"

유순택은 아무도 가고 싶어 하지 않는 나라로 가겠다는 남편의 말을 듣고 처음에는 고개를 갸웃했다. 하지만 금세 남편의 뜻을 알아챌 수 있었다. 유순택이 남편의 뜻을 따르는 건 당연했다. 가야 할 곳이 미국이든 인도든 그런 것은 별로 중요하지 않았다. 남편이 꿈을 펼치고 행복하게 일할 수 있는 곳이면 어디든 좋았다.

얼마 뒤, 외교부 감사관이 기문을 불렀다.

"자네, 미국으로 지원했는데 발령이 인도로 잘못 난 거 아닌가?"

"아닙니다, 제가 지원한 거 맞습니다."

"자네는 최우수 성적으로 연수를 마치지 않았나. 그런데 왜 그 오지로 가려 하는가?"

집안 사정을 일일이 말할 수는 없었다. 그래서 선진국보다는 개발되지 않은 곳에서 외교관의 첫발을 떼고 싶다고 말했다. 개인적인 사정으로 인도로 가게 되었지만 기문은 속상해하지 않고 긍정적으로 생각했다.

'열심히 살다 보면 미국으로 갈 기회가 반드시 올 거야. 일단 연수생 때처럼 최선을 다해야지.'

첫 근무지인 인도에 도착한 기문은 가장 먼저 총영사관으로 갔다.

"안녕하십니까? 반기문입니다."

그러자 총영사로 있던 노신영이 반갑게 그를 맞

아 주었다.

"그러잖아도 기다리고 있었네. 정말 반가워."

기문은 배짱 좋고 지혜롭기로 유명한 노신영 총영사에 대한 존경심과 믿음이 생겨났다. 노신영 총영사 또한 수더분하고 진실된 기문의 모습을 보고 남다른 데가 있는 젊은이라고 생각했다.

'연수원 1등으로 졸업한 인재가 아내와 어린 딸을 데리고 근무 조건, 생활 여건이 불편하기 짝이 없는 이곳에 오다니.'

노신영은 딱한 마음을 가졌다.

기문은 인도에 오게 된 이유에 대해 털어놓았다. 그러자 노신영 총영사가 웃으며 이렇게 말했다.

"자네 마음 내가 잘 알지. 나 또한 힘들게 살아 여기까지 왔으니 자네를 잘 이해할 수 있다네. 우리 서로 믿고 의지하면서 잘 지내 보세."

노신영은 1930년 평안남도 강서의 넉넉한 집안에서 태어났다. 하지만 해방 직후, 토지와 재산을 다

빼앗기고 탄압을 받다가 홀로 남쪽으로 넘어왔다. 남한에서 군고구마 장사, 신문 배달 등 안 해 본 일 없이 고생하며 어렵게 공부하여 외교관이 되었다. 스스로의 힘으로 우뚝 선 것이다. 그러니 가난을 딛고 외교관이 된 기문에게 마음이 가는 건 당연한 일이었다.

　노신영 총영사는 기문을 겪으면 겪을수록 놀라운 데가 있다고 생각했다. 연수원 성적만 좋은 게 아니라 일을 빨리 익히고, 상황 파악 능력도 뛰어났다. 기후나 환경에 적응하기에도 쉽지 않을 텐데 일을 척척 해냈다. 한국과 업무를 함께 진행해야 할 때에는 밤을 꼬박 새우기도 하는데 그 어떤 상황에서도 힘든 표정 한 번 내비치지 않았다. 무슨 일이든 기쁘게 하는 기문을 보고 노신영 총영사는 외교관의 마음가짐부터 국가의 발전을 위해 해야 할 일까지 많은 것들을 가르쳐 주었다.

　"외교관에게 전화나 편지는 무척 중요하다네. 특

별히 잘 관리해야 하네."

"전화란 누군가 내 사무실 문을 두드리는 것과 마찬가지니 정성껏 받아야 한다네."

"답장을 하기 전에는 절대 편지를 책상 위에서 치우지 말게."

"꼭 인쇄 편지에도 자필 서명을 하게."

사람과 사람 사이의 '소통'을 중요하게 여긴 노신영 총영사의 가르침은 경험에서 우러난 지혜였다. 기문은 스펀지가 물을 빨아들이듯 노신영 총영사의 가르침을 하나하나 배우고 익혔다.

이렇게 겸손하고 성실하게 일하는 기문을 노신영 총영사는 늘 옆에 두려고 했다. 인도와 국교 수립을 하고 최초의 인도 대사로 가게 되었을 때도, 방글라데시와 아프가니스탄 등을 갈 때에도 기문과 함께하며 많은 것들을 가르쳐 주었다.

기문은 늘 다른 사람들의 본보기가 되었다. 허드렛일을 하더라도 대충 하는 법이 없었고, 미루는 법

이 없었다. 누가 시키기 전에 일을 찾아서 했고, 윗사람이 원하는 것을 파악해 깔끔하게 처리했다. 그러다 보니 선배들이 모인 자리에는 반기문의 칭찬이 끊이질 않았다.

"반기문처럼 센스 있는 직원은 처음이야. 내가 원하는 게 뭔지 재빨리 파악해서 착착 해결해 둔단 말이지."

"두말하면 잔소리지. 그 친구한테는 무슨 일이든 맡길 수 있어."

"지금 내 부하 직원들도 반기문의 반만이라도 닮았으면 좋겠네그려."

많은 사람들이 반기문과 함께 일하고 싶어 했다. 그의 외교 능력에 맞게 승진의 기회를 주어 함께하고자 하는 사람들이 많았다. 하지만 그때마다 반기문은 부러움과 시샘에 찬 소리를 들어야 했다.

"반기문은 외무 고시 3기 아닌가? 우리 같은 1기, 2기 선배보다 더 빠른 승진이군."

"쳇, 그 친구는 운도 좋네."

반기문도 선배들을 제치고 승진한다는 게 즐겁지 않았다. 반기문은 승진을 거절했지만 받아들여지지 않았다. 그래서 어쩔 수 없이 부담감을 안고 일을 해야 했다. 그는 꼬박 일주일을 걸려 선배와 동료 외교관 백 명에게 일일이 편지를 썼다. 편지에는 선배들보다 먼저 승진하게 되어 미안하다는 내용이 담겨 있었다.

진심이 담긴 그 편지를 본 후 사람들은 오해를 풀고 말했다.

"그래, 축하해! 잘해 보게!"

"누구보다 열심히 일하는 거 잘 알아. 그러니 앞으로도 좋은 일만 있을 거야."

하는 격려와 덕담을 보내 주었다.

1998년 오스트리아 대사를 맡고 있을 때였다. 반기문에게 외교부 차관을 맡아 달라는 연락이 왔다. 경사 중의 경사였다. 하지만 반기문은 정중히 거절했다.

"저는 1996년에 청와대에서 대통령 외교 안보 수석을 했습니다. 차관급 직책을 여러 번 했으니 이번에는 다른 사람에게 기회를 주시는 게 좋겠습니다."

하지만 며칠 후, 기문에게 다시 연락이 왔다.

"반 대사님이 가장 적격이라는 결정이 났습니다. 나라를 위해 한 번 더 수고해 주셔야겠습니다."

이렇게 반기문이 널리 인정을 받다 보니 시기하는 사람 또한 간혹 있었다. 그들은 처음에는 이렇게 말했다.

"또 반기문이야? 그래, 얼마나 일을 잘하는지 보자고."

하지만 반기문을 겪어 보고는 이렇게 말했다.

"역시 반기문이군."

한번은 노신영 총영사와 경쟁 관계에 있던 사람이 외교부 장관으로 취임했다. 그는 노신영과 친한 반기문을 무턱대고 못마땅해하고 있었다. 반기문이 노신영 총영사 때문에 승진이 빠르고 기회를 많이 얻었다고 생각한 것이다. 하지만 함께 일을 해 보고는 기문을 믿게 되었다. 성실하고 겸손한 그의 자세에 감동한 것이다.

"반기문은 '노신영 사람'인 줄 알았는데, 그게 아니라 '대한민국 외교부 사람'이야."

라며 칭찬을 아끼지 않았다.

외교는 '총소리 없는 전쟁', 외교관은 '총 없이 싸우는 군인'이라고 했다. 따라서 외교관에게 언어는 무기가 되는 것이었다. 반기문이 배우고 익힌 영어는 그에게 많은 기회를 주었다. 고등학교 때는 미국으로 연수를 갈 수 있게 해 주었고, 군대에 가서는 웃어른들의 영어를 가르칠 수 있게 해 주었고, 외교관이 되었을 때는 영어권의 업무를 맡게 해 주었다.

반기문은 유창한 영어 실력을 갖고 있었지만 자꾸 답답한 마음이 들었다. '세계의 언어를 두루 익힐 수 있다면 얼마나 좋을까.' 하고 생각했다.

1979년 뉴욕의 유엔 본부에서 1등 서기관으로 있을 때였다.

'다른 언어를 배워야겠어. 아무래도 영어 하나만으로는 부족해.'

다른 나라 외교관들은 자기네 나라말에다 영어는 기본이고, 그 외에도 다른 한두 개의 언어를 할 줄 알았다. 스페인어나 프랑스어나 독일어 등은 모두 같은 언어에 뿌리를 두고 있어서 쉽게 익힐 수 있었기 때문이다.

'외교란 친구를 사귀는 거잖아. 그러니 친구끼리는 말이 통해야 하지. 내가 상대방의 언어를 할 줄 알면 쉽게 친해질 수 있을 거야. 그러니 프랑스어를 배워야겠어.'

프랑스어는 외교관에게 매우 중요한 언어였다. 외교를 할 때 영어 다음으로 많이 쓰여서이기도 하지만 다른 이유도 있었다. 상황에 따라 동사를 다르게 쓰기에 그 어떤 언어보다 논리적이고 정확하게 나타

낼 수 있기 때문이다. 그래서 중요한 외교 문서는 프랑스어로 만들어 두는 경우가 많았다.

하지만 반기문에게는 프랑스어를 공부할 시간이 도통 나질 않았다. 국제 정세가 어지러우니 잠시도 짬을 내기 어려워 차분히 공부를 할 수 없었던 것이다. 기문은 생각다 못해 점심시간을 이용해 프랑스어를 배우기로 했다. 까다롭고 어렵기로 소문난 프랑스어를 쉽게 익힐 수는 없었다. 열심히 적어 가며 공부를 했지만 도통 머릿속에 남는 게 없는 것 같았다. 하지만 자꾸 잊어버린다고 불평을 할 반기문이 아니었다. 하루도 빼먹지 않고 꾸준히 공부했다. 기문은 그만의 끈질긴 공부 방법으로 결국 유엔의 프랑스어 프로그램 최상급 자격증을 따게 되었다. 자투리 시간을 이용해 쌓아 둔 그의 프랑스어 실력은 나중에 유엔 사무총장이 되는 데도 큰 도움을 주었다.

그리고 30년 후, 반기문은 프랑스어를 다시 공부

하기로 했다. 2006년 유엔 사무총장 선거에 나가기로 했기 때문이다. 간단한 대화는 문제없었지만 오랫동안 프랑스어를 쓰지 않아서 다시 공부할 필요가 있었다. 외교부 장관으로 빡빡한 일정을 소화해야 하는 상황이라 시간을 내기가 어려웠지만 반기문은 주말 아침에 두 시간씩 개인 교습을 받았다.

수도 없이 프랑스어를 반복해서 연습하는 반기문을 보고 보좌관이 인사를 건넸다.

"장관님, 프랑스어 공부 잘되세요? 너무 무리하지 마세요."

"너무 오랫동안 프랑스어를 놓아 버렸어. 꾸준히 했어야 했는데. 그동안 왜 제대로 안 하고 허송세월을 보냈을까."

반기문은 혼잣말처럼 중얼거리며 대답했다. 일분 일초도 게으름을 피우거나 쉬지 않고 살아온 사람이 그런 말을 하다니, 보좌관은 할 말을 잃었다. 그리고 적지 않은 나이에 열정적으로 공부하는 반기문의 모습에 감동했다.

  유엔 사무총장 선거 운동을 하고 있을 때 반기문은 필립 두스트 블라지 프랑스 외교부 장관을 세 차

례 만났다. 마지막으로 만났을 때 블라지 장관은 반기문의 프랑스어에 대해 칭찬했다.

"미스터 반, 당신은 세계에서 가장 빨리 프랑스어를 익힌 사람입니다. 올해 당신을 세 번 만났는데 처음에는 인사말 정도만 하더니, 두 번째 만났을 때는 간단한 대화를 할 수 있었고, 이번에는 외교 업무도 충분히 소화할 수준이네요. 당신의 프랑스어 실력은 아주 훌륭합니다."

기문에게 주어진 시련

소중한 한마디

"나는 탁월한 사람이 아니다. 어떤 자리를 바라고 일하지도 않는다. 내게 주어진 일에 최선을 다할 뿐이다."

– 반기문

'외교관'이라고 하면 다른 나라 외교관 친구들과 함께 근사한 연미복을 입고 화려하게 파티를 여는 장면을 쉽게 상상한다. 하지만 실제 생활은 그렇지 않다. 한곳에 머무르지 못하고 떠돌다 보니 친구도 없고, 친척들과도 멀어지고, 부모님께 효도하기도 쉽지 않았다. 태어나서 처음 가 보는 낯선 곳에서 살아야 하고, 겨우 자리를 잡을 만하면 다른 곳으로 떠나야 했다. 우리나라에서 일할 때도 크게 다르지 않았다. 나라의 중요한 일들을 처리하다 보면 고향에 계신 부모님을 만나기 쉽지 않았다. 반기문은 그 점이 가장 마음에 걸렸다. 행여 기문이 걱정할까 봐 늘 잘 지낸다 말하는 부모님에게 전화로만 인사 드리는 게 못내 아쉬웠다.

1991년 12월, 반기문은 판문점에서 열리는 북한과의 '한반도 비핵화 공동 선언' 협상에 참여하고 있었다. 전쟁이 끝난 것이 아니라 전쟁을 잠시 쉬고 있는 우리나라 사정은 늘 바람 앞의 등불처럼 불안하기만 했다. 게다가 북한은 국제 사회의 지원을 받기 위해 종종 핵무기 개발을 하겠다는 말로 위협을 하기도 했다. 핵무기에 대한 문제는 무척 민감한 부분이라서 모두 신경을 곤두세우고 있었다.

우리는 북한에게 핵무기를 만들지 않겠다는 약속

을 받아 내야 하는 상황이었다. 우리나라는 물론, 전 세계의 평화와 안전이 달린 부분이라 세계인들의 이목이 집중되는 문제이기도 했다.

말 한마디, 표정 하나에 중요한 문제가 어긋날 수 있었다. 따라서 계속되는 줄다리기에 몹시 신경을 세워야 했다.

반기문이 휴식 시간에 협상장 밖으로 나와 숨을 돌리고 있을 때였다. 보좌관이 금방이라도 울음을 터뜨릴 것 같은 표정으로 급하게 다가왔다. 그러고는 차마 입이 떨어지지 않는지 한참 동안 머뭇거렸다. 그러다 조심스럽게 말을 꺼냈는데 반기문의 아버지가 교통사고로 갑자기 돌아가셨다는 것이다. 반기문은 눈앞이 깜깜해졌다.

"지금 무슨 말을 하는 거죠?"

하지만 반기문은 곧바로 협상장에 들어가야 했다. 협상에서 오가는, 말 한마디 한마디에 집중해야 했다. 그러나 아버지의 다정한 목소리와 얼굴이 자꾸 생각났다.
 '아버지, 아버지!'
 기문은 터져 나오려는 울음을 삼켰다. 아버지가 돌아가시는 순간을 지키지 못한 것도 불효인데, 돌아가셨다는 소식을 듣고도 달려가지 못하는 죄스러

움이 컸다. 하지만 반기문은 이를 앙다물었다. 외교관의 개인적 사정으로 나랏일을 그르칠 수는 없었기 때문이다. 몇 시간이 흐른 후에야 협상은 일단락되었다.

반기문은 아버지의 빈소가 차려진 충주로 달려갔다. 빈소에 도착해 보니 먼저 달려온 가족과 친척들이 있었다.

"아버지, 저 기문이 왔습니다. 불효자 왔습니다."

빈소는 온통 눈물바다가 되었다.

아버지는 자전거를 타고 집에 오던 중, 뺑소니 차에 치인 것이었다. 범인도 잡지 못하고 장례를 치렀다. 슬픔을 함께 나누러 온 친구에게 반기문은 이렇게 속마음을 털어놓았다.

"지금 이 순간은 외교관이 된 것이 너무도 후회가 되는군. 소중한 것을 너무도 많이 잃었어. 외국으로 떠돌다 보니 친구도 많이 잃었고, 친척들도 하나도 못 챙겼어. 이제 아버지까지 돌아가셨으니……."

반기문은 말을 잇지 못하고 다시 눈물을 흘렸다. 슬픔 속에서 장례를 치르고 얼마 후, **뺑소니범**을 잡았다는 연락이 왔다. 그런데 잡고 보니 너무도 기가 막혔다. 사고가 나자마자 아버지를 병원으로 데리고 온 사람이었던 것이다. 가족과 친척들은 소스라치게 놀랐다.

"어떻게 이럴 수가……."

"뭐 저런 나쁜 사람이 다 있어요? 길바닥에 쓰러져 있는 사람이 딱해서 차에 태워 왔다고 했어요. 뒷좌석에 피가 묻었다며 세탁비까지 받아 갔다고요."

"우린 그런 것도 모르고 고맙다고, 고맙다고 얼마나 인사를 했는지."

분해서 펄펄 뛰는 가족들을 보고 어머니가 작지만 또렷한 목소리로 말했다.

"그 사람을 용서해 주려무나."

"안 돼요, 어머니! 그런 나쁜 놈을 어떻게 용서해 줍니까?"

"아니다. 그런다고 아버지가 살아 돌아오시냐? 아버지가 살아 계셨으면 어떻게 하셨을지 너희들도 생각해 보거라."

그러자 가족들은 모두 할 말을 잃었다. 그리고 서로의 눈을 쳐다보았다. 아버지가 계셨다면 틀림없이 그 사람을 용서했을 것이다.

"사고를 내고 싶어서 냈겠냐? 용서해 주어라. 지금 본인도 무척 힘들 테니……."

아버지의 목소리가 들리는 것만 같았다. 눈물은 멈추지 않고 분이 삭지 않았지만 뺑소니범을 용서하는 수밖에 없었다. 아버지는 늘 '남에게 먼저 착한 마음을 베풀라'고 말씀하는 분이었다. 자신은 손해를 보고 불편하더라도 남의 입장에 서서 먼저 생각하는 분이었다.

인정 많은 아버지 때문에 한센병 환자와 집에서 반 년을 함께 산 적도 있다. 반기문이 고등학교에 다닐 때였다. 하루는 아버지의 친구가 집에 찾아왔다.

"반명환 씨 댁인가요? 나는 고등학교 친구인데."

느닷없는 아버지 친구의 등장에 집 안이 발칵 뒤집어졌다. 아버지의 친구는 한센병, 다시 말해 나병, 문둥병 환자였던 것이다. 치료약도 제대로 없는 시절, 하늘이 내린 벌이라고 했던 문둥병은 한 번 걸렸다 하면 낫기도 힘들고, 옆에 있는 사람까지 옮을 수 있는 무서운 병이었다.

기문의 식구들은 어찌할 줄 몰랐다. 아버지의 친구도 여느 한센병 환자처럼 살이 썩어 뭉개지고 살점이 떨어져 나가 흉측한 모습이었다.

어머니는 아버지를 불러 작은 목소리로 말했다.

"여보, 돈푼이나 쥐어 줘서 빨리 보냅시다."

"허허, 멀리서 찾아온 친구를 어떻게 그냥 보내나. 어서 밥상을 차려 오구려."

어머니는 내키지 않았지만 평소 아버지의 성품을 잘 알기 때문에 그 말을 따를 수밖에 없었다.

"그래, 고생이 많겠구먼. 어떤가?"

오갈 데 없는 자신에게 따뜻하게 대해 주는 아버지의 모습에 친구는 목이 메었다.

"문둥병이라는 게 참 몹쓸 병이야. 식구들도 나를 피하네. 부모 자식도 다 소용없어. 어디 가서 죽어 버리든지 해야지."

친구는 눈물을 뚝뚝 흘렸다. 친구의 딱한 사정을 들은 아버지는 친구를 그냥 내보낼 수가 없었다.

"힘내게. 그리고 갈 데가 없으면 우선 우리 집에 머물게. 친구 좋다는 게 뭔가."

그러자 친구는 고맙다며 더 크게 울기 시작했다. 화들짝 놀란 어머니가 몰래 아버지를 불러 목소리를 높였다.

"당신, 왜 그래요? 우리 애들한테 옮기기라도 하면 어쩌려고요. 어서 다른 곳으로 가라고 해요."

그러자 아버지는 어머니를 타일렀다.

"집에서도 쫓겨났다는데 사정이 딱하잖소. 당분간 좀 머물게 합시다."

"안 돼요. 우리 식구들 다 문둥병 걸리는 꼴 보려고 그래요? 절대 안 돼요."

아버지는 잠시 어머니를 물끄러미 바라보더니 이렇게 말했다.

"자네가 믿는 불교에서 뭐라고 하나. 자비를 베풀라고 하지 않나? 배우고 실천도 못할 것 왜 믿나?"

그러자 어머니는 할 말을 잃고 아버지의 친구에게 사랑방을 내주었다. 그러고는 6개월 후, 아버지의 친구는 그동안 신세를 많이 졌다며 문둥병 환자들이 모여 사는 소록도로 떠났다. 아버지의 친구가 떠나던 날, 쓸쓸한 뒷모습이 가엾어 어머니는 눈물 바람을 하기도 했다.

이렇게 따뜻한 마음을 가진 부모님의 모습을 보고 배우며 반기문은 자랐다.

'남을 먼저 생각하라'는 아버지와 '착하게 살아라, 다투지 말고 덕을 베풀라'는 어머니의 가르침 속에서 기문이 훌륭한 인품을 가진 사람으로 자라는 건 당연한 일이었는지도 모른다.

 반기문은 장모님이 돌아가셨을 때도 곁을 지켜 드리지 못했다. 2006년 4월, 장관으로서 유럽 6개국을 순방할 때였다. 마지막 순방지인 이탈리아에 있던 기문에게 전화가 왔다. 장모님이 돌아가셨다는 소식이었다. 반기문은 가슴이 무너지는 것 같았다.
 "순택아, 모름지기 남자가 해 지기 전에 집에 오는 것은 직업이 없거나 큰 병을 앓고 있을 때 둘 중의 하나이니 반 서방이 집에 늦게 들어오는 것에 대해 뭐라 하지 마라."
 아내에게 말씀하시던 장모님의 목소리가 귓가에 쟁쟁했다. 해외를 떠도는 딸이 고생할 것을 염려하는 게 아니라 사위가 하는 일에 대한 정성스런 내조가 필요하다는 걸 이렇게 강조하셨다.
 외교관으로서의 힘든 점들을 누구보다도 잘 이해해 준 분이었다. 그래서 해외를 떠도는 동안에도 언제나 마음이 든든했다.

"아, 장모님!"

한시라도 빨리 한국으로 돌아가 장모님의 마지막 모습을 보고 싶은 마음이 굴뚝같았다. 그런데 한국행 비행기가 이륙한 지 얼마 되지 않았을 때, 보좌관이 기문의 자리로 찾아왔다.

"장관님, 비행기에 탄 대학생 한 명이 의식을 잃고 쓰러졌습니다. 일단 안정은 시켜 놨는데 상태가 좋지 않습니다."

"그래요? 무엇보다 사람 목숨이 중요하지. 얼른 조종사에게 돌아갈 수 있는지 알아보세요."

비행기는 반기문의 말에 체코에 있는 프라하 공항으로 돌아가기로 했다. 이륙한 지 얼마 안 된 비행기라서 기름이 가득 들어 있었다. 하지만 착륙할 때는 기름 탱크를 가볍게 비워야 했다. 그래서 공중에 기름을 흩뿌리고 비행기는 착륙을 시도했다.

"그 학생 빨리 치료받아야 하지 않겠나, 체코 대사

관으로 전화해 구급차를 준비하라고 하세요."

얼마 후, 비행기는 무사히 착륙했고 응급 환자인 대학생은 병원으로 이송됐다. 하지만 안타깝게도 그 학생은 결국 숨지고 말았다. 반기문의 마음은 장모님의 곁과 대학생을 지키지 못했다는 슬픔으로 가득 찼다. 그리고 해외에 있는 한국인들의 안전을 보호하고 지켜 줘야 한다는 책임감이 더욱 들었다.

갈수록 해외로 나가는 국민이 늘어나는 만큼 안전 문제에도 꼼꼼하게 신경을 써야 했다. 그래서 영사 콜 센터를 만들었다. 영사 콜 센터는 해외에서 다급한 상황이 생겼을 때 전화로 대응할 방법을 알려 주거나 현지 영사관 등으로 연결해 도움을 받을 수 있도록 하는 시스템이다. 이 영사 콜 센터 제도는 좋은 아이디어로 소문이 나 다른 나라 외교부에서 배워 가기도 했다.

2001년 2월, 반기문에게 큰 시련이 닥쳐 왔다. 외교 통상부 차관으로 일하고 있을 때였다. 당시 우리나라 김대중 대통령과 블라디미르 푸틴 러시아 대통령이 정상 회담을 했다. 워낙 중요한 만남이라 반기문과 외교부 직원들은 몇 달 전부터 회담 준비를 했다. 그런데 예측하지 못한 곳에서 실수가 생겼다. 정상 회담이 끝나고 공동 성명을 발표했는데, 내용 중에 오해를 살 수 있는 부분이 있었던 것이다. 우리 정부가 '탄도탄 요격 미사일 조약'을 지지하는 내용이 포함되어 있었던 것이다.

미국과 러시아가 핵전쟁을 예방하기 위해 1970년 '탄도탄 요격 미사일 조약'을 맺었다. 하지만 시대

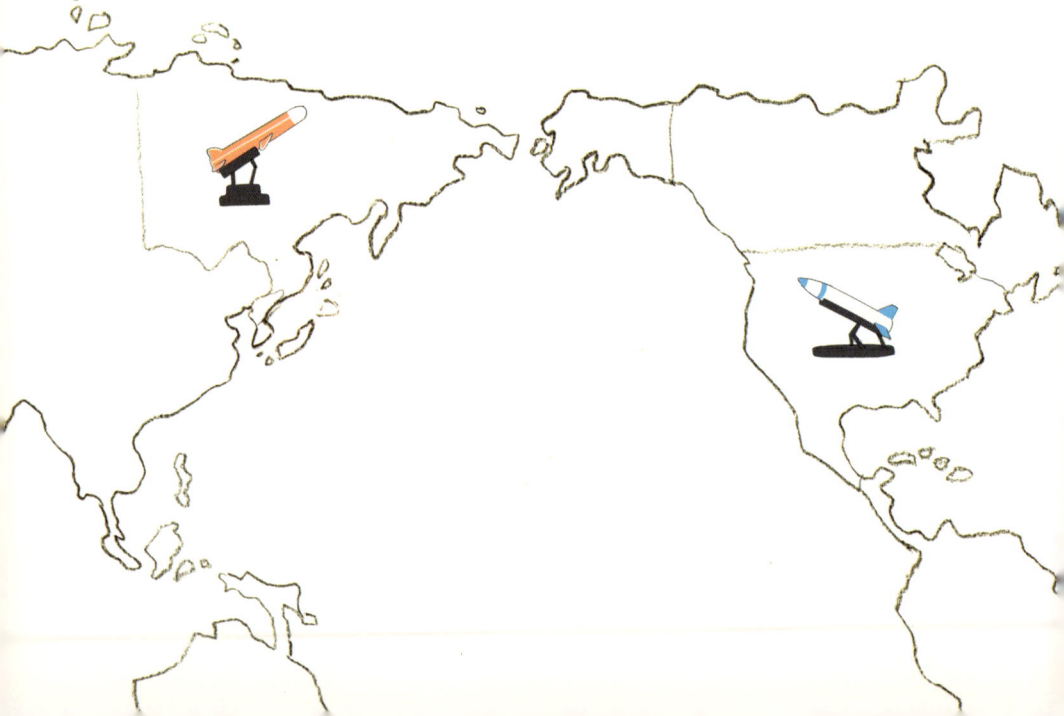

가 달라졌다는 걸 느낀 미국은 일방적으로 약속을 깨고 새로 약속 조항을 만들었다. 미국은 우리나라가 자신들의 편에 설 줄 알았는데 러시아와 의견을 함께하는 것처럼 보이자 기분이 언짢았던 것이다. 정부의 뜻은 그게 아니었지만 충분히 오해를 살 수 있는 부분이었다. 공동 선언문 작성 당시의 국제 정치 상황을 좀 더 꼼꼼히 살펴보지 못한 것이 가장 큰 실수였다. 곧바로 미국에서 강력하게 항의하는 사태가 벌어졌다. 갑자기 미국과 우리나라의 사이가 나빠지기 시작했고, 미국의 눈치를 볼 수밖에 없었던 우리는 책임자들의 잘못을 묻게 되었다. 결국 외교통상부 차관이었던 반기문도 자리에서 물러나게 되었다. 외교관이 되면서부터 승승장구하던 반기문에게 닥친 가장 큰 시련이었다.

"지난 31년 동안 나를 위해 단 한 시간도 써 본 적이 없는데…… 모든 게 헛되구나."

그때 반기문을 아끼던 노신영이 위로해 주었다.

"여보게, 인생이라는 게 말이지, 힘겹게 올라가야 하는 언덕도 있고 또 내려가야 하는 굴곡도 있고 그럴 수밖에 없어. 그리고 큰사람일수록 그런 게 있기 마련이야. 자넨 지금 많이 억울하겠지만, 이 시련이 자네 인생에서 끝이 아니니 너무 억울해하지 말게나. 문제는 이렇게 낮은 곳으로 내려와 있을 때 더 잘 살아야 한다는 점이야. 높은 곳에 있을 때, 잘나갈 때는 모두들 잘 사는 법을 알고 있지. 그러나 이렇게 시련이 왔을 때 어떻게 하느냐가 사람의 크기를 결정하는 법이라네."

반기문은 노신영의 이야기를 가슴에 새겨 두었다.

그로부터 4개월 후, 예전에 함께 일한 적이 있는 한승수 외교부 장관에게서 연락이 왔다. 한승수 역시 반기문을 많이 아껴 주었고, 그가 공직에서 물러난 일을 무척 안타까워하던 중이었다.

"내가 유엔 총회 의장으로 가야 하는데 자네가 의장 비서실장을 좀 맡아 주게. 아무래도 내가 외교부 장관직을 같이 맡다 보니 유엔을 비울 일이 많을 텐데, 그 자리를 자네한테 맡겨 놓으면 내가 얼마나 안심이 되겠나."

반기문은 고민 끝에 그의 제안을 받아들였다. 오랫동안 차관을 지낸 사람이 국장급 자리로 낮춰 가는 것이었지만 신중히 결정한 일이었다.

반기문은 평소에 이런 말을 자주 했다.

"나는 탁월한 사람이 아니다. 어떤 자리를 바라고 일하지도 않는다. 내게 주어진 일에 최선을 다할 뿐이다."

전 세계의 대통령이 되다

소중한 한마디

"우리나라는 그동안 유엔이 추구하는 목표를 이루어 낸 모범적인 나라였습니다. 그리고 이제 우리에게 도움을 주었던 유엔에 도움을 주려고 합니다. 우리 대한민국이 세계 평화에 기여할 수 있도록 최선을 다할 것입니다."

– 반기문의 유엔 사무총장 후보 등록 인사 중에서

"이제 우리나라도 유엔 사무총장을 낼 때가 되지 않았나?"

"그러게 말이야. 예전에는 우리나라가 유엔의 도

움을 받았지만 지금은 달라졌지 않은가.”

유엔을 10년 동안 이끌었던 코피 아난 사무총장의 임기가 끝나자 우리나라 사람들은 이런 말들을 했다.

"우리나라에서 세계의 대통령이 나온다, 생각만 해도 가슴 설레는 일이야."

"그럼 우리나라에 둘도 없는 큰 경사가 될 텐데!"

비단 우리나라 사람들만의 생각이 아니었다.

"반기문 장관은 유엔 사무총장 후보로 나오지 않습니까? 똑똑하면서도 성실한 성품이 적격일 것 같은데요."

"우리는 반기문 장관에게 무척 호의를 갖고 있답니다."

세계 여러 나라들이 이런 반응을 보이자, 우리 정부는 반기문을 유엔 사무총장 후보로 내세우는 걸 적극적으로 생각하게 되었다.

"우리나라에서 유엔 사무총장이 나온다면 한반도 평화에 큰 도움이 될 거야."

"아니야, 그건 어렵다고 봐. 우린 세계에서 단 하나뿐인 분단국가잖아. 그러니 누가 뽑아 주겠어? 괜히 헛고생만 할 테니 애초부터 그런 꿈은 접는 게 좋을 거야."

"우리 국력이 이만큼 커졌다는 거잖아. 한번 해보지, 뭐."

많은 의견들이 있었지만, 시간이 갈수록 사람들은 반기문을 지지하고 응원했다. 반기문과 우리 정부는 희망을 갖게 되었다. 반기문은 곧 사무총장 후보로 나서게 되었다.

"저는 오늘 유엔 사무총장 후보로 나서게 되었습니다. 우리나라는 그동안 유엔이 추구하는 목표를 이루어 낸 모범적인 나라였습니다. 그리고 이제 우리에게 도움을 주었던 유엔에 도움을 주려고 합니다. 우리 대한민국이 세계 평화에 기여할 수 있도록 최선을 다할 것입니다. 그러기 위해 저는 유엔 사무총장 후보가 된 것을 겸허하게 받아들이겠습니다.

앞으로 국민 여러분들의 많은 지지와 성원을 부탁드리겠습니다."

반기문의 후보 등록 인사를 듣자, 많은 사람들의 가슴이 벅차올랐다. 기문의 후보 등록은 전쟁과 가난 때문에 헐벗고 굶주렸던 나라가 60여 년 만에 얼마나 큰 성장을 했는지 보여 주는 하나의 본보기였기 때문이다.

유엔 사무총장 선거는 힘겨운 전쟁 같았다. 상임 이사국 다섯 나라와 비상임 이사국 열 나라 대표들한테 투표권이 주어지는데, 아홉 나라 이상의 찬성표를 받아야 한다. 게다가 반대표가 하나라도 있으면 어렵게 된다.

미국이 지지하는 후보는 러시아나 프랑스가 반대하는 경우가 많았고, 러시아나 프랑스가 추천하는 후보는 미국이나 영국이 반대하기 일쑤였다.

하지만 반기문은 흔들림 없이 차분히 선거 운동을 해 나갔다. 프랑스의 지지를 얻기 위해 프랑스어를 공부했고, 일부러 프랑스어로 유엔 총회에서 연설을 하기도 했다. 그 모습을 본 자크 시라크 프랑스 대통령은 반기문의 거침없는 말솜씨에 감탄했다.

이것이 자존심이 센 프랑스를 끌어들이기 위한 가장 지혜로운 방법이었다는 걸 사람들은 얼마 후에

알 수 있었다.

 반기문은 선거 기간 동안 투표권을 가진 열다섯 나라들 외에도 많은 나라들을 찾아다니며 지지를 부탁했다. 옆에서 기문을 지켜보던 사람들이 그 이유를 물었다.

 "투표권을 가진 열다섯 나라를 찾아다니기도 벅찬 일정입니다. 그런데 왜 투표권이 없는 다른 나라들까지 다니십니까?"

그러자 반기문은 웃으며 이렇게 말했다.

"투표권은 열다섯 나라에 있지만 유엔은 전 세계 사람들이 모이는 거잖소. 나는 전 세계 모든 나라 사람들의 지지를 얻어야 유엔 사무총장이 될 수 있다고 생각하오."

이러한 반기문만의 겸손한 선거 운동은 사람을 감동시키고, 하늘을 감동시켰다.

유엔 사무총장 선거 결과는 찬성 14표, 기권 1표였다. 전 세계 사람들은 깜짝 놀랐다. 아시아의 작은 나라, 남과 북으로 분단된 나라, 60여 년 전에 일어났던 6·25 전쟁으로 폐허가 되었다가 한강의 기적을 이뤄 낸 나라, 10만km^2에 불과한 면적을 가진 나라에서 유엔 사무총장이 나오다니 기적에 가까운 일이었다.

한층 강해진 우리나라 국력에 대한 자랑스러움과 함께 반기문을 좋아하는 세계 각국의 친구들이 엄청

나게 많았다는 것 또한 오래도록 사람들 입에 오르내렸다.

반기문은 우연히 스친 잠깐의 인연까지도 무척 소중히 여겼다. 고등학생 시절, 미국 비스타 프로그램 연수에 갔을 때, 나흘 동안 머물렀던 미국인 가족과의 약속을 40여 년 동안이나 지켜 왔다. 편지를 쓰고, 안부를 묻고, 외교 통상부 장관으로 있을 때는 초청을 하기도 했다. 그는 사람의 지위가 높든 낮든 언제나 친절하게 배려하는 사람이었다. 그런 따뜻하고 진실한 마음이 반기문을 유엔 사무총장으로 만들어 놓은 것이다.

2006년 10월 14일, 뉴욕에 있는 유엔 본부에서 제8대 사무총장에 뽑힌 반기문은 수락 연설을 하기 위해 연단에 섰다.

- 의장님, 사무총장님, 그리고 신사 숙녀 여러분. 여러분의 아낌없는 축하와 격려에 깊이 감동받은 저

는 이 자리에 섰습니다. 저를 믿어 주신 회원국 여러분들께 감사의 마음을 보냅니다. 아울러 그 믿음을 저버리지 않겠다고 굳게 결심하며 유엔의 여덟 번째 사무총장직을 수락합니다.

의장님, 제 마음은 저를 이 자리로 보내 준 제 조국과 국민에 대한 감사로 넘칩니다. 전쟁에 찢겨 빈곤한 대한민국에서 어린 시절을 보낸 제가 이 연단에 서서 이처럼 엄청난 책임을 맡기까지는 참으로 긴 여정이었습니다.

그러나 저는 그 길을 걸어올 수 있었습니다. 왜냐하면 유엔은 대한민국의 가장 어두운 시기에 한국 국민과 함께했기 때문입니다. 유엔은 우리에게 희망과 음식, 그리고 안전과 인간에 대한 존엄을 주었습니다.

우리에게 더 나은 길을 보여 주었습니다. 한국 국민에게 유엔의 깃발은 다가올 미래의 등불이었습니다.

저는 냉전이 세계를 휩쓸던 시절, 당시 사무총장이던 함마르셸드에게 자유와 민주주의를 얻으려 애쓰는 어느 먼 유럽 나라를 돕도록 하는 글을 써서 발표한 적이 있습니다.

저는 그때 그들을 도와야 하는 깊은 의미에 대해서는 제대로 몰랐습니다. 하지만 유엔은 필요한 때에 도움을 주는 존재라는 것을 깊이 깨달을 수 있었습니다.

그로부터 50년이 흐른 지금, 청소년들이 유엔이 그들을 위한 더 나은 미래를 만들기 위해 열심히 노력한다는 사실을 알면서 자라기를 희망합니다. 사무총장으로서 저는 청소년들의 꿈을 보호하고 그들의 말에 귀 기울일 것입니다.

저는 낙관론자입니다. 또한 유엔의 미래를 대단히

희망적으로 봅니다. 더 많이, 그리고 더 좋은 도움을 줄 수 있는 유엔을 위해 우리 모두 힘을 모읍시다. 감사합니다.

총장님, 총장님, 나의 총장님!

> **소중한 한마디**
>
> "어린이 청소년 여러분, 꿈을 높게 가지세요. 그리고 현실에 발을 붙이세요. 머리는 구름처럼 높게, 발은 땅에 딛고 서 한 단계씩 노력하며 올라가면 그 꿈에 도달하게 됩니다. 빨리 올라가려고 발을 현실에서 떼었을 때는 바로 넘어집니다. 꿈을 가지고 천천히 이상을 향해 올라가세요."
>
> – 반기문 서울대 연설 중

반기문 유엔 사무총장이 유엔 본부가 있는 뉴욕으로 떠났다. 외교 통상부 장관이던 반기문이 떠난 뒤, 외교부는 다시 새로운 사람들로 구성되어 활기를 띠고 있었다. 직원 두세 명만 모이면 반기문에 대한 기대와 자랑을 늘어놓기도 했다.
 "자네, 어제 우리 반 총장님 인터뷰 봤는가?"
 "그래, 정말 자랑스러운 분이야. 세계 70억 인구의 대통령 아닌가?"

"해결해야 할 많은 문제들이 쌓여 있다는데 우리 총장님 힘드시겠어."

"하지만 잘 해내실 거야. 어떤 어려움을 만나도 차근차근 풀어 나가 확실하게 해결하시는 분이잖아."

이들은 며칠 후, 편지를 한 통 받게 되었다. 반기문 총장이 보낸 편지였다.

"제가 미처 다하지 못한 일들을 후배들에게 물려줄 수밖에 없었지만, 제가 어디에 있든 후배들이 하는 일에 조금이나마 보탬이 되도록 노력하겠습니다. 여러분들도 제가 장관으로 있었을 때 보내 주셨던 관심과 사랑으로 후배들을 지도해 주시기를 부탁드리겠습니다."

후배 외교관들을 잘 부탁한다는 내용의 편지였다. 외교부 사람들은 입을 다물지 못했다.

"우리 총장님은 정말 아무도 못 말려!"

후배 외교관들은 웃으면서도 감동으로 코끝이 찡해 왔다.

"이렇게 자상하신 분은 처음이야."

"그러니 반의 반만이라도 하란 말이 생겼지. 생각하면 할수록 이 별명 참 재밌단 말이야. 반기문의 반만 따라 하면 성공한다는 말이라잖아."

후배들은 유엔 사무총장이라는 엄청난 자리에 있으면서도 자신들을 생각하고 위해 주는 기문의 마음에 가슴이 벅차올랐다. 어떤 자리에 오르든 겸손하고 남을 배려하는 그의 인품이 그대로 전해졌다.

2007년 1월 2일, 반기문 유엔 사무총장의 첫 출근이 시작되었다. 공관이 수리 중이어서 호텔에서 머무르고 있을 때였다. 우리나라 국민들도 그가 출근하는 모습을 텔레비전을 통해 바라보고 있었다. 많은 보도진들의 취재 전쟁 속에서 경호원들과 함께 가는 반기문 총장의 자랑스러운 모습을 보며 감격하는 이도 있었고, 그의 앞날에 축복이 함께하길 기도하는 이도 있었다. 그들 중 반기문 어머니의 기도가 가장 간절했음은 물론이다. 큰아들 기문을 위해 매

일같이 새벽 세 시에 일어나 기도하는 어머니, 함께 유엔 본부가 있는 뉴욕으로 가자는 아들 말에도 행여 당신에게 마음 쓸까 싶어 마다하신 어머니였다. 어머니의 마음은 늘 따뜻하게 반기문 총장에게 전해져 힘이 되었다.

며칠 후, 반기문 총장에게 소포가 하나 전달되었다.
"총장님, 케네디 상원 의원께서 보내셨습니다."
비서관의 말에 반기문 총장은 고개를 갸웃했다. 무슨 일인지 영문을 모르겠다는 표정이었다. 개인적으로 잘 알지 못하는 케네디 상원 의원이 축하 선물을 보낼 리 없다고 생각했기 때문이다. 반기문은 소포 상자를 열어 보고는 깜짝 놀랐다.
"아!"
오래된 사진과 축하 카드가 들어 있는 액자였다. 비스타 프로그램으로 미국에 갔을 때의 사진이었는데, 거기에는 키가 껑충한 반기문과 케네디 대통령의 모습이 들어 있었다.

'저스트 프롬 코리아(Just From Korea)'라는 말이 축하 카드에 적혀 있었다. '한국에서 막 도착한 아이'라는 뜻이었다. 케네디 상원 의원이 귀한 사진을 찾아서 반기문 총장에게 보내 준 것이다.

반기문은 그때 케네디 대통령을 만나고 품었던 꿈을 생각했다. 아련하고도 달콤한 추억이었다. 가난 속에서 가꾼 외교관의 꿈, 힘든 일에도 좌절하거나 포기하지 않았던 꿈이 있었기에 오늘의 자신이 있는 거라고 생각했다.

"정말 열심히 달려왔네. 앞으로도 전 세계 평화를 위해 더 열심히 달려야겠어."

반기문 총장의 말에 비서관은 고개를 끄덕였다.

반기문 총장에게 맡겨진 일은 정말 많았다. 세계 안보와 평화에 대한 문제가 첫 번째였다. 시시각각 달라지는 기후 변화 때문에 느닷없이 홍수가 나거나, 가뭄이 들어 흉년이 들기도 했다. 또 새로운 전염병이 생겨 퍼지는 등 처리할 일들이 많이 생겨나고 있었다. 그러니 이런 기후 변화를 막기 위해서 지구촌은 힘을 합쳐 환경 오염을 막고 생태계를 보호하기 위해 애써야 했다.

식량 문제 또한 심각하기는 마찬가지였다. 특히 3초

에 1명씩 굶주림 때문에 죽어 가는 아프리카 어린이들의 문제는 시급했다. 또한 세계 경제가 불황의 늪에서 헤어 나오지 못하고 있다.

중동에서는 여전히 내전이 끊이지 않고, 종교가 다르거나 인종이 다르다는 이유로 싸우는 지역이 많았다. 우리나라만 봐도 그렇다. 세계에서 단 하나뿐인 분단국가이기에 적과는 늘 대치 상태이면서도 주변 강대국의 눈치를 보며 살고 있다. 이렇게 힘든 상황에 있는 국가들은 모두 유엔의 따뜻한 손길을 기다리고 있다. 그렇기에 유엔이 하는 일은 무척 중요했다. 반기문 총장은 약소국들의 아픔과 상처를 볼 때마다 더욱 큰 책임감을 느꼈다.

'가난과 전쟁 속에서 자란 나를 유엔 사무총장으로 뽑아 준 것은 그들의 목소리를 듣고 그들에게 손을 내밀라는 뜻이야.'

반기문 사무총장에게 주어진 일도 많았지만, 그 또한 잠시도 가만있지 못하는 성격이라 일에 파묻

혀 지내야 했다. 사람들은 그런 반기문을 보고 입을 쩍 벌렸다.

"총장님, 너무 무리하지 마세요!"

주변 사람들이 말려도 소용없었다. 지구촌 구석구석 그늘지고 소외된 곳에 찾아가 그곳 사람들의 말에 귀 기울이고 손을 잡아 주었다. 한 해에 아프리카와 중동, 아시아, 유럽, 남미 등 60여 개 나라와 120여 개 도시를 방문하는 일은 흔한 일이었다.

한 달에 지구 한 바퀴, 일 년에 열두 바퀴를 돌고, 세계 각국 정상급 외교관과 1년에 전화 통화만 400~500차례 하는 반기문 총장을 모든 사람들이 처음부터 좋아한 것은 아니었다.

"반 총장님이 너무 조용한 외교를 하는 거 아닌가요?"

"독재자들의 행동에 자주 침묵해요."

라며 비꼬는 세계 언론들도 있었다. 하지만 이는 잘 모르고 하는 소리였다. 반기문 총장은 진짜 위기가 닥쳤을 때는 단호하게 결정을 내렸다. 2007년 수단의 대통령을 압박해 유엔 평화 유지군의 파병을 이끌어 냈고, 2008년 미얀마 군부를 설득해 50만 명에 이르는 사이클론 이재민들을 구했고, 2009년 이스라엘 침공으로 팔레스타인 사람들이 고통받고 있을 때 가장 먼저 그곳을 방문했다.

"중요한 일에 맞닥뜨렸을 때는 상대가 비록 강대국이라 할지라도 할 말은 해야 합니다."

반기문 총장은 말했다.

세계 기후 문제와 어린이, 여성의 인권을 위해 힘쓴 그의 공로를 높이 사 반기문 총장은 5년의 임기를 마치고 나서 연임을 하게 되었다.

반기문 총장은 자신이 임기 동안 한 일을 정리하는 자리에서 이렇게 말했다.

"기후 문제를 세계적 문제로 만들고 미얀마, 아이티, 파키스탄에서 발생한 자연재해에 대해 빠르고 효과적으로 대응했으며 수단, 소말리아, 콩고 등의 아프리카에도 평화의 씨를 뿌렸습니다."

이런 반기문 총장에게 회원국들은 기립 박수로 연임을 지지했다. 연임 제안 결의안이 불과 3초 만에 만장일치로 통과한 것이다. 연임 수락 연설은 취임 때와 마찬가지로 영어와 프랑스어로 번갈아 가며 진행했다.

'함께하면 불가능한 일은 없습니다'라는 말에 이어 '감사합니다'라는 말까지 영어, 프랑스어, 중국어, 러시아어, 스페인어 등의 언어로 말해 각 나라 대표들의 탄성을 자아냈다.

이런 반기문 총장의 노력들이 전 세계 곳곳에 전해져 가난과 질병을 없애기 위해 노력하는 사람들이 더욱 많아지고 있다.

지난 2012년 6월 12일, 서울평화상 위원회는 '반기문 유엔 사무총장을 제11회 서울평화상 수상자로 선정했다'고 발표했다. '반 사무총장은 유엔 사무총장으로 재임하면서 유례없는 국제 정치, 경제, 사회,

환경 등 여러 분야에서의 도전과 위기의 시기에 국제 평화와 안보, 기후 변화 등 환경과 지속 가능한 발전, 인권 신장 등에 있어 국제 사회가 인정하는 뛰어난 업적을 성취했다.'고 선정한 이유를 설명했다.

1990년에 서울평화상이 만들어진 이후, 한국인이 수상한 것은 반기문이 처음이었다. 반기문은 '권위

있는 서울평화상을 수상하게 된 것은 개인적으로 큰 영광이며 유엔 전체를 대신해 겸허한 마음으로 받아들이고자 한다. 서울평화상 수상은 그동안 국제 평화에 기여하려는 유엔의 노력에 대한 평가로 받아들이고 싶다. 앞으로도 인류 화합과 세계 평화 증진을 위해 계속해서 최선의 노력을 다하겠다.'라고 수상 소감을 전했다.

오늘도 반기문 총장은 우리나라 어린이와 청소년들에게 이렇게 말한다.

― 어린이 청소년 여러분, 여러분은 앞으로 이 나라의 주인공이 될 분들입니다. 오늘 이 자리에 있는 많은 어른들, 그리고 저는 이제 조금 있으면 퇴장합니다. 그러면 여러분이 이 사회와 나라를 짊어지고 가야 합니다. 물론 저희가 퇴장하기 전까지 한국뿐만이 아니라 이 지구상에 전쟁에 대한 공포가 없고, 가난에 대한 공포가 없고, 인권 탄압에 대한 공포가

없는 곳, 그리고 남녀노소의 차별이 없고, 빈부의 차별이 없이 더불어 모두가 잘사는 사회가 되도록 노력하겠습니다. 여러분 또한 열심히 공부하고 노력해서 도와주셔야 합니다.

 - 한국인들은 자기를 낮게 보지 말고 높게 인식하고 행동해야 합니다. 세계는 한국을 높게 바라보고 있습니다. 가장 빠르게 민주화가 되고, 경제 개발이 되고, 과학과 문화가 발달하고, 인권이 확보된 나라로 한국을 봅니다. 아마 나는 이런 배경 때문에 유엔 사무총장으로 선출된 것 같습니다.

 - 나라를 사랑하는 마음을 가지고 그 사랑을 발전시키세요. 그리고 마지막으로 스승님과 부모님 말씀을 잘 듣고 큰 뜻을 품고 공부를 하고 열심히 노력해 세계로 뻗어 나가세요.

- 어린이 청소년 여러분, 꿈을 높게 가지세요. 그리고 현실에 발을 붙이세요. 머리는 구름처럼 높게, 발은 땅에 딛고서 한 단계씩 노력하며 올라가면 그 꿈에 도달하게 됩니다. 빨리 올라가려고 발을 현실에서 떼었을 때는 바로 넘어집니다. 꿈을 가지고 천천히 이상을 향해 올라가세요.